Sgìl-iau!

Meinir Ebbsworth

caa
PRIFYSGOL ABERYSTWYTH

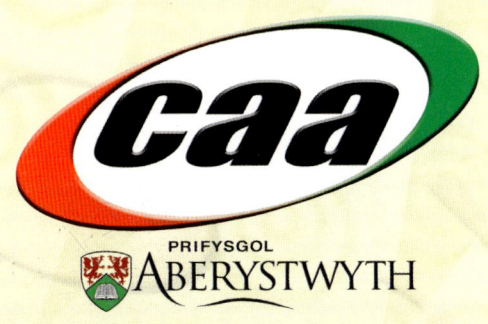

ⓑ Prifysgol Aberystwyth, 2009 ©

Cyhoeddwyd gan CAA, Prifysgol Aberystwyth, Yr Hen Goleg, Stryd y Brenin, Aberystwyth, SY23 2AX (www.caa.aber.ac.uk).

Noddwyd gan Lywodraeth Cynulliad Cymru.

ISBN 978-1-84521-326-8

Mae hawlfraint ar y deunyddiau hyn ac ni ellir eu hatgynhyrchu na'u cyhoeddi heb ganiatâd perchennog yr hawlfraint.

Golygwyd gan: *Fflur Pughe*
Dyluniwyd gan: *Richard Huw Pritchard*
Argraffwyd gan: *Argraffwyr Cambrian*

Cedwir pob hawl.

Cydnabyddiaethau

Diolch i'r canlynol am ganiatâd i atgynhyrchu deunyddiau yn y gyfrol hon:

McFadden Funfairs Ireland – tud. 4 (gwaelod, dde)
www.sxc.hu – tud. 4, 43, 44, 50, 51, 62 (top a gwaelod), 100, 101
TopFoto – tud. 4 (top, dde), 64 (top), 73, 76, 77
Parc Hamdden Oakwood – tud. 12-14
Richard Huw Pritchard – tud. 20, 39, 41, 46, 54, 68, 69, 71, 74, 82, 86
Gwasg Gomer a Ceri Wyn Jones: dyfynnu 'Rhestr Siopa'r Wrach' allan o *Dwli o Ddifri* – tud. 28
Nicholas Daniels: dyfynnu o *Y Llyfr Ryseitiau – Gwaed y Tylwyth*, Gwasg y Dref Wen – tud. 30-32
Theera Chimpalee / graffixmarsfear@gmail.com – tud. 45
Roland Davies – tud. 48, 61
Getty Images – tud. 62 (canol), 64 (gwaelod)
Ged Casserley – tud. 63
Alun Jones / www.twmsioncati.com – tud. 83
S4C – tud. 91
Marcelo Terraza – tud. 101 (canol)

Gwnaethpwyd pob ymdrech i olrhain a chydnabod deiliaid hawlfraint. Bydd y cyhoeddwyr yn falch o wneud trefniadau addas gydag unrhyw ddeiliaid na lwyddwyd i gysylltu â hwy.

Diolch i Siân Llwyd Jones a Delyth MacDonald (y monitoriaid) am eu harweiniad.

Diolch i'r canlynol am gymryd rhan yn y broses dreialu:
Ysgol Gymraeg Aberystwyth
Ysgol Gwenffrwd, Treffynnon

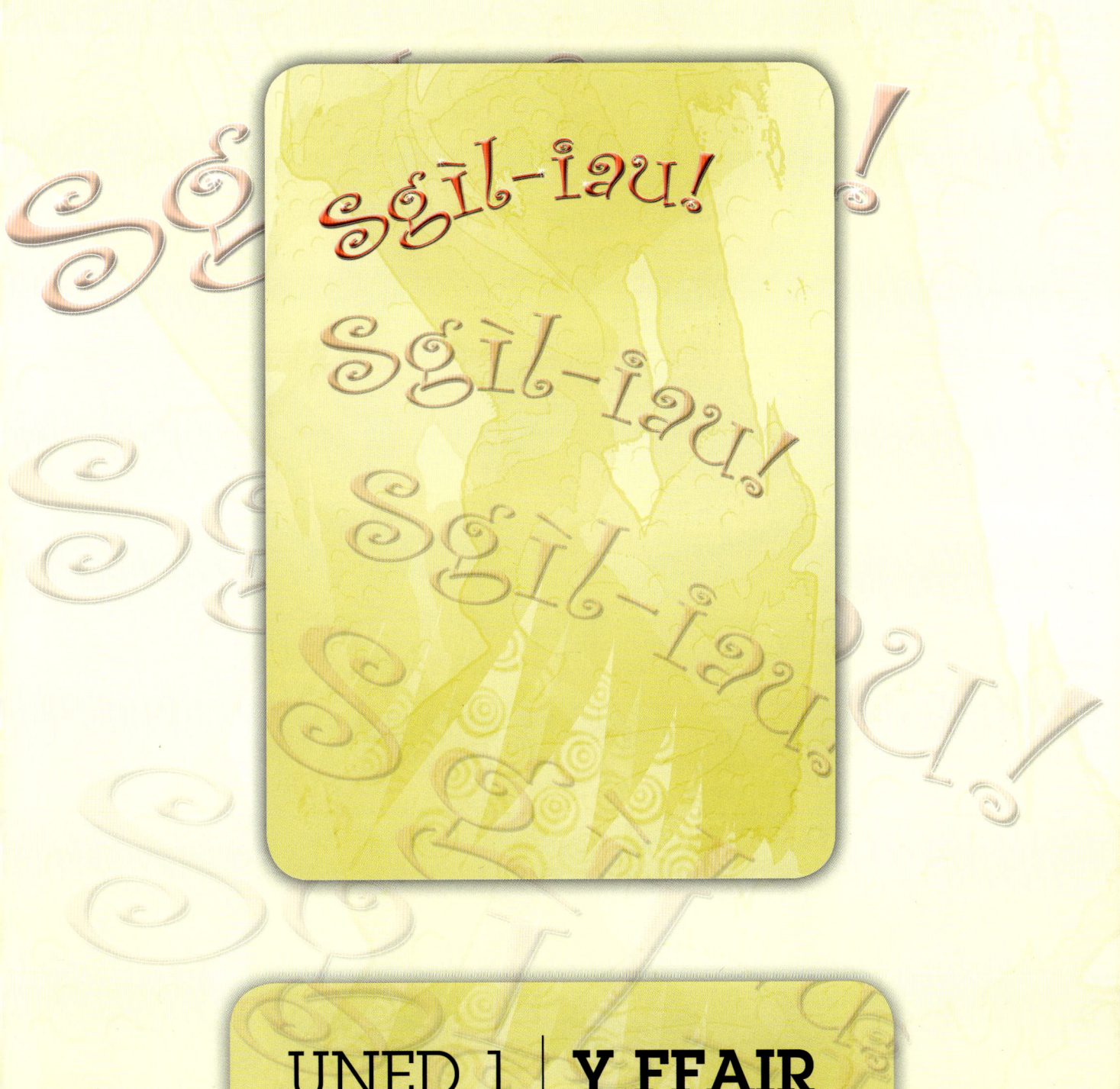

UNED 1 | Y FFAIR

Y FFAIR

Mae Jac ym mlwyddyn 5 yn ei ysgol gynradd leol.

Wrth gerdded adre o'r ysgol mae'n gweld y poster hwn ar wal y swyddfa bost.

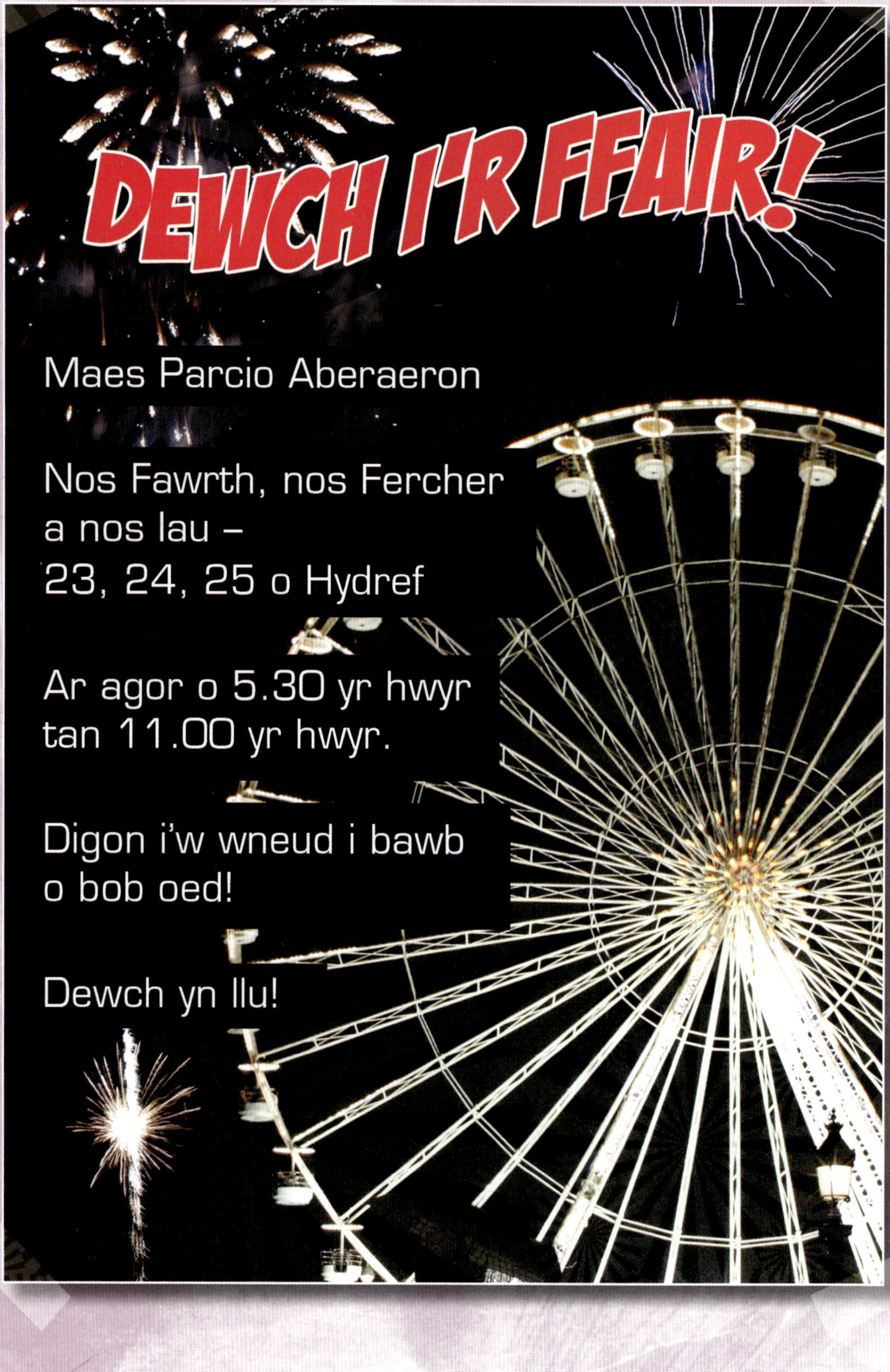

DEWCH I'R FFAIR!

Maes Parcio Aberaeron

Nos Fawrth, nos Fercher a nos Iau –
23, 24, 25 o Hydref

Ar agor o 5.30 yr hwyr tan 11.00 yr hwyr.

Digon i'w wneud i bawb o bob oed!

Dewch yn llu!

1. Ble yn Aberaeron mae'r ffair?

2. Pryd mae'r ffair?

3. Faint o'r gloch mae'r ffair yn agor?

4. Pryd fydd rhaid i chi adael y ffair?

5. Ydych chi wedi bod mewn ffair o'r blaen?

6. Ble oedd y ffair?

7. Beth oedd yno?

8. A wnaethoch chi fwynhau? Pam?

Beth sydd yn y ffair?

ceffylau bach

chwyrligwgan

olwyn fawr

ceir clatsho

trên ysbrydion

waltzers

Pa reid fyddech chi'n hoffi mynd arni? Pam?

Pa reid fyddech chi ddim yn hoffi mynd arni? Pam?

Pa reid sydd gyflymaf? Pam ydych chi'n credu hyn?

Pa reid sy'n codi'r mwyaf o ofn? Pam ydych chi'n credu hyn?

Pa reid sydd fwyaf cyffrous? Pam ydych chi'n credu hyn?

Mae'n rhaid i chi greu a dylunio reid newydd ar gyfer y ffair.

★ Beth ydy enw'r reid?
★ Sut un ydy'r reid i edrych arni?
★ Beth mae'r reid yn ei wneud?

Mae Jac yn mynd adre ac yn dweud wrth ei frawd, Gareth sy'n 15 oed, a'i chwaer, Ffion sy'n 20 oed, bod y ffair yn dod i Aberaeron.

Jac	Hei! Dw i newydd weld poster ar wal y swyddfa bost!
Gareth	Waw, frawd bach. Mae degau o bosteri ar wal y swyddfa bost.
Jac	Ond mae'r poster yma'n wahanol. Mae'n dweud bod ffair yn dod i Aberaeron.
Gareth	O reit. Grêt. Mae'n hen bryd i rywbeth cyffrous ddigwydd yn y lle 'ma.
Ffion	Cyffrous! Dydy ffair ddim yn gyffrous. Mae ffair yn ddiflas iawn. Dim ond cerdded yn y baw a'r glaw.
Jac	Wel, dw i eisiau mynd ta beth. Dw i'n mynd i ofyn i fy ffrindiau ysgol os ydyn nhw eisiau dod hefyd.
Gareth	Ie, dw i awydd mynd am dro bach hefyd. Pryd mae'n dechrau Jac?
Jac	Mae'n dechrau am hanner awr wedi pump ac yn diwedd am un ar ddeg o'r gloch y nos!
Gareth	Pa ddiwrnod mae'r ffair?
Jac	Dydd Mawrth, dydd Mercher a dydd Iau yma!
Gareth	Efallai af i am dro nos Fercher, ar ôl yr ymarfer rygbi.
Ffion	Wel, fydda i ddim yn mynd yn agos i'r hen le swnllyd, brwnt.
Jac	Wel, dw i'n mynd i'r ffair nos Fawrth, nos Fercher a nos Iau.
Ffion	Beth? Aros di i Mam dy glywed di'n dweud y fath beth!

Mae Jac yn gofyn dau gwestiwn i'w fam:

✵ Ydy e'n cael mynd i'r ffair gyda'i ffrindiau?
✵ Ydy e'n cael mynd i'r ffair bob nos?

Beth ydych chi'n credu fydd ymateb mam Jac?

Ysgrifennwch y sgwrs fyddai'n digwydd rhwng y ddau.

1. Beth fyddai Jac yn ei ofyn?

2. Beth fyddai ateb ei fam?

3. Sut fyddai Jac yn ceisio newid ei meddwl hi?

4. A fyddai mam Jac yn cytuno?

Cofiwch fod angen:

wrth ofyn cwestiynau.

 **LLAFAR**

Mae mam Jac yn dweud bod y ffair yn ddrud iawn.

Mae Jac yn cael £5.00 gan Ffion a £5.00 gan Gareth.
Mae gan Jac £4.00 yn ei gadw-mi-gei.
Mae mam Jac yn rhoi £5.00 iddo hefyd.

Faint o arian sydd gan Jac i'w wario yn y ffair?

1 Mae'r trên ysbrydion yn costio £2.50. Mae Jac yn mynd arno unwaith.

2 Mae'r chwyrligwgan yn costio £2.00. Mae Jac yn mynd arno ddwywaith.

3 Mae afal taffi yn costio £1.50. Mae Jac yn bwyta un.

4 Mae un car clatsho'n costio £3.00. Mae Jac yn rhannu'r car gyda'i ffrind.

5 Mae'r stondin pysgod aur yn £2.00 y tro. Mae Jac yn cael dau dro.

6 Mae cŵn poeth yn £1.50 yr un. Mae Jac yn bwyta tri!

Faint o newid sydd gan Jac yn mynd adre?

Mae tad Jac yn dod i nôl Jac a'i ffrindiau o'r ffair.

Mae Jac yn ysgrifennu cofnod yn ei ddyddiadur cyn iddo fynd i gysgu.

Dyddiadur

Mae dyddiadur yn sôn am bethau rydych chi wedi eu gwneud.

Es i...

Gwnes i...

Mae dyddiadur yn disgrifio beth ydych chi wedi ei weld, ei glywed, ei arogli, ei deimlo a'i flasu.

Gwelais i...

Clywais i...

Mae dyddiadur hefyd yn gallu sôn am sut ydych chi'n teimlo.

Teimlais i'n...

Mae dyddiadur yn sôn am beth ydych chi eisiau ei wneud yfory.

Yfory, dw i eisiau...

Byddaf i'n...

Dyma ddechrau dyddiadur Jac. Ewch ati i ysgrifennu mwy o'i ddyddiadur ef.

Waw! Es i i'r ffair yn Aberaeron heno gyda Josh a Steffan. Roedden ni'n tri wedi bod yn edrych 'mlaen drwy'r wythnos at gael mynd. Roedd gen i lond poced o arian i'w wario! Gwelais i lawer iawn o bethau ffantastig yno!

Y Ffair

Cyffro mawr,
Cwrdd â ffrindiau,
Arian yn llosgi yn fy mhoced!

Goleuadau llachar yn y tywyllwch du,
Lliwiau'r enfys –
coch,
glas,
gwyrdd,
melyn
yn galw ar bawb i fwynhau.

Sŵn cerddoriaeth
yn sgrechian,
yn gymysg â sŵn
hwyliau plant.

Arogl y cŵn poeth
yn tynnu dŵr i ddannedd,
a'r candi fflos melys
yn blasu fel siwgr pinc.

Teimlo'r punnoedd
yn chwysu yn fy llaw.
Gwario a gwario.
Pocedi'n wag.

Cyrraedd adre
wedi blino'n lân.

"Ga' i fynd eto nos 'fory Mam?"

Beth wnaeth **y bardd** yn y ffair?

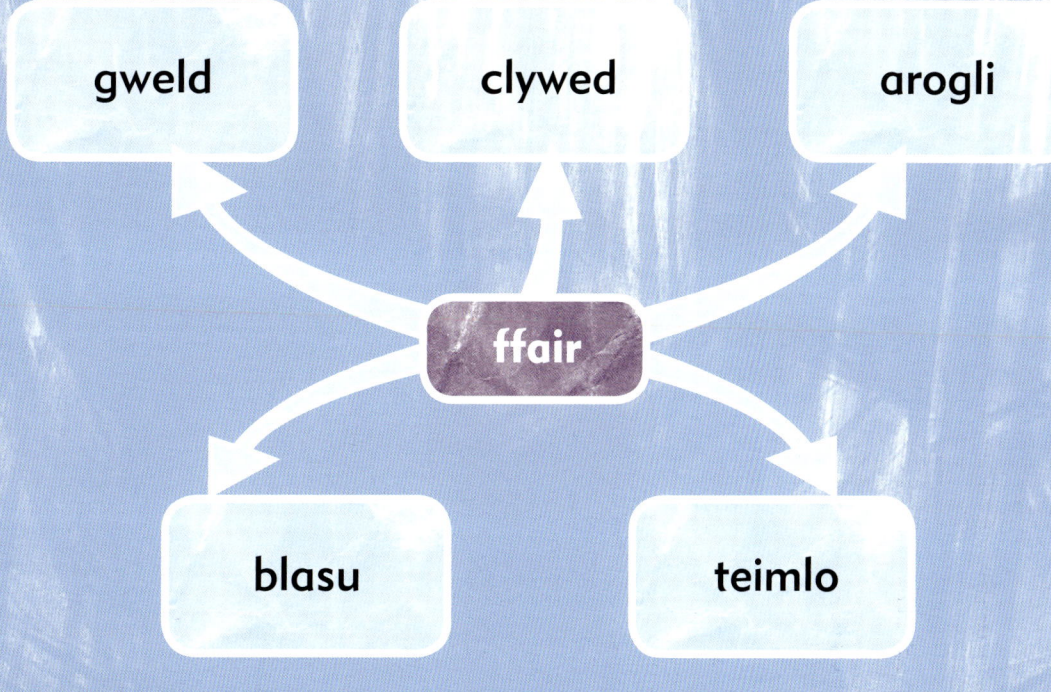

Sut fyddech **chi'n** disgrifio'r ffair?

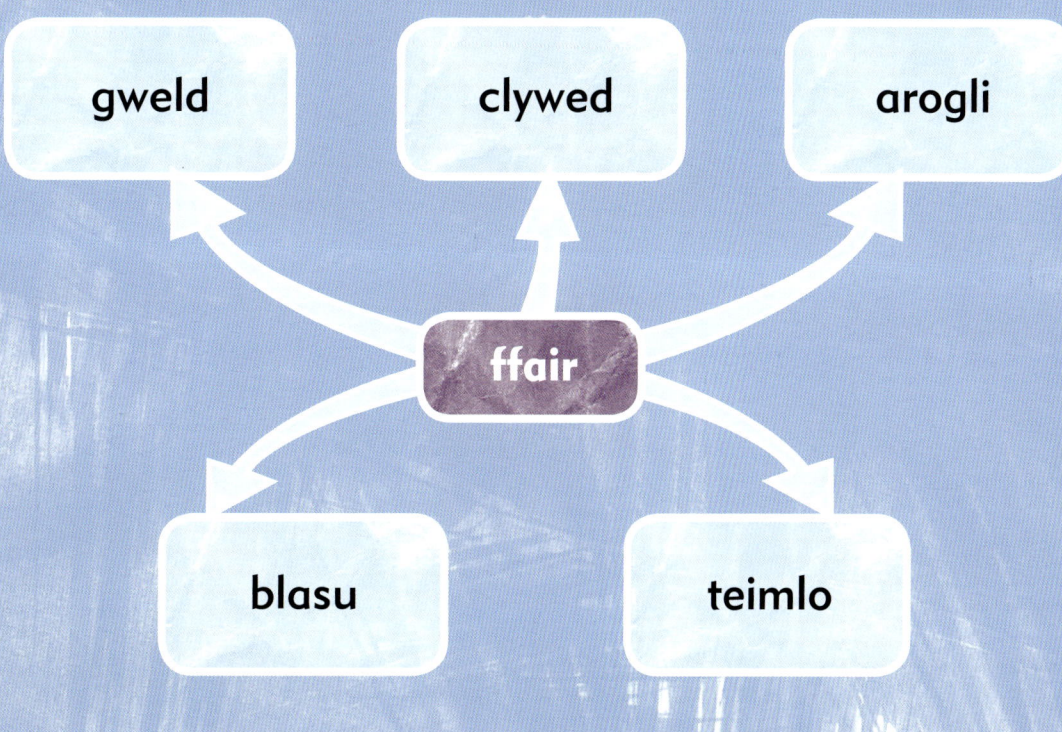

Ewch ati i ysgrifennu cerdd am y ffair.

Gallwch chi ddefnyddio'r pum synnwyr yn y gerdd.

Gwnewch boster o'r gerdd a'i darlunio'n lliwgar.

Darllenwch y darn hwn am Barc Hamdden Oakwood, Sir Benfro.

Rydyn ni eisiau i chi gael diwrnod gwych yn Oakwood.

Amseroedd Agor
Mae Oakwood ar agor rhwng mis Mawrth a mis Medi bob blwyddyn.
Yr amser agor ydy 10.00 y bore tan 5.00 yr hwyr.
Ym mis Awst, mae'r parc ar agor tan 10.00 yr hwyr.

Mae'r parc yn brysur iawn yn ystod mis Gorffennaf. Mae llawer o dripiau ysgol yn dod yma.

Tocynnau
Tocyn safonol (10 oed +)
Tocyn plant (3-9 oed)
Plant o dan 2 oed (AM DDIM)
Pensiynwyr
Grwpiau o 20 o bobl neu fwy

Mae reidiau *Vertigo* a'r Nenroliwr (*Skycoaster*) yn £33.00 ychwanegol.

Bwyd
Mae chwe lle da i fwyta yn Oakwood. Mae siop losin a siop hufen iâ yma hefyd.

Parcio
Mae parcio am ddim, drwy'r dydd, bob dydd.

Siopau
Mae siopau yma sy'n gwerthu digon o bethau i chi allu cofio am eich diwrnod yn Oakwood. Mae cyfle hefyd i chi brynu lluniau o'ch hun ar rai o'r reidiau.

Gadael Bagiau
Fyddwch chi ddim eisiau cario bagiau drwy'r dydd yn Oakwood. Am dâl bach, gallwch adael eich bagiau mewn llefydd diogel.

Cŵn
Dydy cŵn ddim yn cael dod i'r parc. Mae cytiau arbennig y tu allan i'r parc lle gallwch adael eich ci yn ddiogel. Cofiwch ddod â gwely neu flanced, dŵr a phowlen ar gyfer eich ci.

Ymwelwyr Anabl
Mae toiledau a mynediad ar wahân i reidiau ar gyfer pobl anabl.

Ystafelloedd Newid
Efallai y byddwch chi'n gwlychu yn Oakwood! Dewch â dillad sych a thywelion gyda chi.

Llety
Mae digon o lety yn Sir Benfro i bawb. Ewch i chwilio am lety ar y we.

Beth ydych chi wedi'i ddysgu am Oakwood?

① Pryd fyddech chi'n mynd yno?

② Meddyliwch am dri pheth y gallech chi ei brynu yn Oakwood.

③ Meddyliwch am bedwar peth fyddai angen i chi fynd gyda chi i Oakwood.

④ Beth allwch chi ei wneud gyda'ch bagiau?

⑤ Fyddech chi'n mynd â'ch ci gyda chi i Oakwood? Pam?

⑥ Fyddech chi'n hoffi mynd i Oakwood? Pam? Beth fyddech chi'n hoffi ei wneud yno?

UNED 1 | Y FFAIR

DARLLEN

Edrychwch ar y map hwn o Barc Hamdden Oakwood.

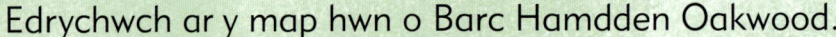

Allwedd

1. Hydro
2. Lost Kingdom
3. Y Bwyty
4. Siop
5. Theatr
6. Vertigo
7. Spooky 3D
8. Golff-mini
9. Skyleap
10. Llyn Cychod
11. Megafobia
12. Waterfall
13. The Bounce
14. Speed
15. Treetops

- Rydych chi wrth *Hydro*.
  Rydych chi eisiau cyrraedd *Lost Kingdom*. Sut?
- Rydych chi wrth *Vertigo*.
  Rydych chi eisiau cyrraedd *Megafobia*. Sut?
- Rydych chi wrth *Treetops*.
  Rydych chi eisiau cyrraedd *Skyleap*. Sut?
- Rydych chi yn y Bwyty.
  Rydych chi eisiau cyrraedd y Llyn Cychod. Sut?
- Rydych chi yn y Theatr.
  Rydych chi eisiau cyrraedd y Golff-mini. Sut?

Darllenwch y stori am y ffair ar dudalennau 16-17.
Byddwch yn gweld y geiriau hyn yn y stori.
Ydych chi'n gwybod beth ydy ystyr y geiriau?

papuro
gwirioni
esgusodion
yn wallgof
syfrdanu
sgleiniog
dadlwytho
ymbil

Sut ydyn ni'n dod o hyd i ystyr gair?

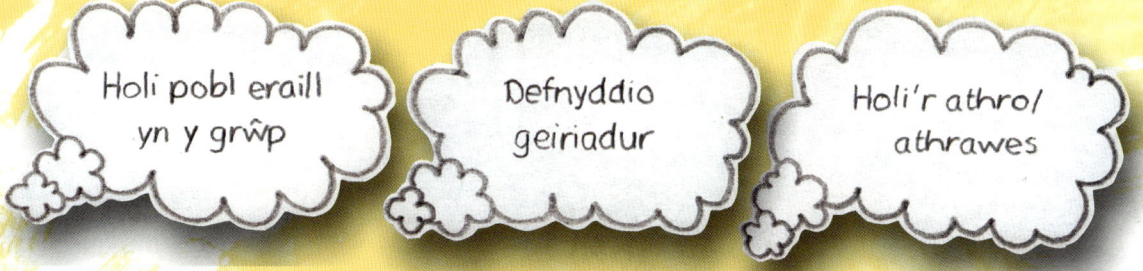

Holi pobl eraill yn y grŵp

Defnyddio geiriadur

Holi'r athro/athrawes

UNED 1 | Y FFAIR

Ffwdan y Ffair

Doedd Rhys ddim wedi gwrando llawer ar Miss Davies drwy'r dydd. Doedd y gwersi ddim wedi bod yn ddiflas o gwbl. A dweud y gwir, roedden nhw wedi gwneud sawl peth eithaf cyffrous. Roedd y wers wyddoniaeth yn ddiddorol iawn, yn gwneud cylched drydan. Gan amlaf, byddai Rhys wrth ei fodd. Dim heddiw. Roedd rhywbeth arall wedi dwyn ei sylw i gyd yn ystod y dydd. Rhywbeth lliwgar, llachar yng nghornel ei lygaid, yn newid ac yn tyfu bob awr.

Bob mis Tachwedd, byddai'r ffair yn cyrraedd Llanfach. Llond maes parcio o garafanau a lorïau'n cyrraedd dros nos. Fyddai hi byth yn sioc eu bod nhw'n dod, oherwydd byddai posteri lliwgar yn papuro'r dref am ryw wythnos neu ddwy cyn iddyn nhw gyrraedd. Roedd Rhys yn gwirioni ar y ffair, er pan oedd yn fachgen bach iawn. Roedd yn gwybod y byddai'r ffair yn cyrraedd ddwy noson cyn y dyddiad ar y poster bob blwyddyn, er mwyn iddyn nhw gael hen ddigon o amser i adeiladu, paratoi, trwsio a threfnu. Felly, ers pedair blynedd bellach, roedd Rhys wedi llwyddo i fod yno pan fydden nhw'n cyrraedd y maes parcio. Doedd hyn ddim yn hawdd, gan y byddai Rhys yn gorfod gwneud pob math o esgusodion i adael y tŷ. Roedd yn gwybod y byddai ei rieni'n wallgof pe baen nhw'n gwybod. Doedden nhw ddim yn hoffi pobl y ffair o gwbl. Roedden nhw'n credu eu bod yn twyllo pawb trwy godi llawer gormod o bunnoedd am reid neu gi poeth.

Er hyn, byddai'n meddwl am ryw esgus, a byddai Mr Alfonzo yn ei ddisgwyl yno, ac yn edrych ymlaen i'w weld. Byddai'n gweiddi "Rhys!" cyn i'w gerbyd 4x4 anferth hyd yn oed arafu. Byddai Rhys wedi'i syfrdanu gan faint y garafán yr oedd y cerbyd yn ei thynnu – cartref Mr Alfonzo a'i wraig.

Roedd meibion Mr Alfonzo hefyd yn rhan o'r ffair, yn gyrru'r lorïau anferth. Roedd enw pob lori'n denu llygaid Rhys – llythrennau sgleiniog y '*Whirling Waltzers*' a'r '*Screaming Chair*'! Bob blwyddyn, byddai rhyw reid newydd yn cael ei hychwanegu. Dyma ffordd Mr Alfonzo o sicrhau y byddai pobl yn dod yn ôl i'w ffair bob blwyddyn.

Gan amlaf, byddai Rhys yn helpu Mr Alfonzo a'i feibion i agor y lorïau a thynnu pethau allan ohonyn nhw. Roedd Rhys wrth ei fodd gydag arogl y diesel a sŵn y peiriannau'n chwythu a chwyrnu wrth i bawb geisio eu tanio. Roedd e hefyd yn dadlwytho'r stondinau a'r holl wobrau fyddai'n dod mewn bocsys cardfwrdd anferth – hwyaid plastig melyn, teganau meddal enfawr a llond lle o bysgod aur mân. Byddai Rhys bob amser yn teimlo trueni dros y pysgod aur ac yn gobeithio y bydden nhw'n cael gwell cartref ar ôl y ffair.

Eleni, fel arfer, roedd Mr Alfonzo wedi rhoi croeso mawr i Rhys. Roedd e wedi gweiddi ei enw, wedi ysgwyd ei law, wedi dangos y reid newydd iddo, wedi ei drin fel dyn – nid fel bachgen 11 oed. Ond, y tro hwn, roedd e hefyd wedi gofyn am ffafr. Roedd un o'i feibion yn sâl, a doedd gan Mr Alfonzo ddim digon o bobl i weithio yn y ffair.

"Tybed, Rhys," meddai yn ei lais dwfn, "wyt ti ar gael nos 'fory i helpu gyda'r casglu arian ar y ceir clatsho? Rwy'n gwybod y byddi di'n gwneud dy orau. Rwyt ti'n fachgen da. Fyddet ti'n gallu fy helpu?" Roedd llygaid tywyll Mr Alfonzo'n ymbil ar Rhys. Roedd e wir angen ei gymorth.

1. Pam nad ydy Rhys yn canolbwyntio yn y dosbarth?
2. Pryd oedd y ffair yn dod i Lanfach?
3. Sut fyddai Rhys yn gwybod ei bod bron â chyrraedd?
4. Beth fyddai Rhys yn ei wneud i helpu Mr Alfonzo fel arfer?
5. Beth mae Mr Alfonzo yn ei ofyn i Rhys?
6. Beth ydych chi'n credu y mae Rhys yn mynd i'w wneud?

Beth ydych chi'n credu sy'n digwydd nesaf?
Ysgrifennwch ddau baragraff arall ar ddiwedd y stori.

A fydd Rhys yn mynd i weithio ar y ceir clatsho?

Beth fydd Rhys yn ei ddweud wrth ei rieni?

A fydd rhywbeth yn digwydd i Rhys wrth iddo weithio yn y ffair?

A fydd rhywun yn gweld Rhys yn gweithio yn y ffair?

UNED 2 | **HUD A LLEDRITH**

HUD A LLEDRITH

* Pwy ydy'r person sydd yn y llun?
* Beth ydy ei waith?

* Ydych chi wedi gweld consuriwr neu ddewin o'r blaen?
* Pa fath o driciau oedd y dewin yn eu gwneud?
* A oedden nhw'n hudol?
* Pam ydych chi'n credu hyn?

Darllenwch yr hysbyseb hwn.

1. Pryd mae'r Noson Hudol?
2. Beth ydy enw'r dewin?
3. Faint o'r gloch mae'r noson yn dechrau?
4. Beth fyddai pris mynediad i ddau oedolyn a dau blentyn?
5. Beth fyddai pris mynediad i dri oedolyn ac un plentyn?
6. Beth fyddai pris mynediad i un oedolyn a thri phlentyn?
7. Pa fath o bethau mae'r Dewin Difyr yn gallu eu gwneud?
8. A fyddech chi eisiau mynd i'r Noson Hudol? Pam?

Aeth Rhys a Siân i noson y Dewin Difyr.

Darllenwch eu sgwrs wrth iddyn nhw adael Neuadd y Dref.

Rhys — Waw, Siân! Roedd hwnna'n ffantastig!

Siân — Wnest ti fwynhau?

Rhys — Do, roedd y Dewin Difyr yn anhygoel!

Siân — Beth wnest ti ei fwynhau fwyaf?

Rhys — Doeddwn i ddim yn gallu credu fy llygaid pan wnaeth e newid cwningen i fod yn grwban!

Siân — Wyt ti'n meddwl ei fod e wedi gwneud hynny go iawn Rhys?

Rhys — Wrth gwrs ei fod e!

Siân — Ond mae'n amhosib newid cwningen i fod yn grwban!

Rhys — Ond mae'r Dewin Difyr yn ddewin. Mae e'n gallu gwneud unrhyw beth!

Siân — Paid â bod yn wirion Rhys.

Rhys — Ond roedd e'n gwybod enwau cŵn y fenyw 'na!

Siân — Roedd e naill ai'n dyfalu neu wedi ei chlywed hi'n siarad gyda ffrind.

Rhys — Na… roedd e'n gwybod. Roedd e'n gallu darllen meddyliau.

Siân — Wel, gobeithio nad oedd e'n gallu darllen fy meddwl i, achos roeddwn i'n credu bod y cyfan yn ddiflas iawn.

Rhys — Merched!

1. Pwy oedd wedi mwynhau'r noson fwyaf?
   Rhys neu Siân?
   Pam ydych chi'n credu hyn?

2. Beth oedd Rhys yn ei feddwl o'r Dewin Difyr?
   Beth oedd Siân yn ei feddwl o'r Dewin Difyr?

Rhys   Siân

3. Pa fath o gwestiynau ydych chi'n meddwl fyddai Rhys eisiau eu gofyn i'r Dewin Difyr?
   Pa fath o gwestiynau ydych chi'n meddwl fyddai Siân eisiau eu gofyn i'r Dewin Difyr?

Roedd gohebydd papur newydd yn bresennol yn noson y Dewin Difyr yn Neuadd y Dref.

Ysgrifennwch adroddiad byr i'r papur newydd yn sôn am y noson.

Bydd angen i chi:

- sôn am fanylion y noson
- ddweud faint o bobl oedd yno
- sôn am beth oedd y Dewin Difyr yn ei wneud

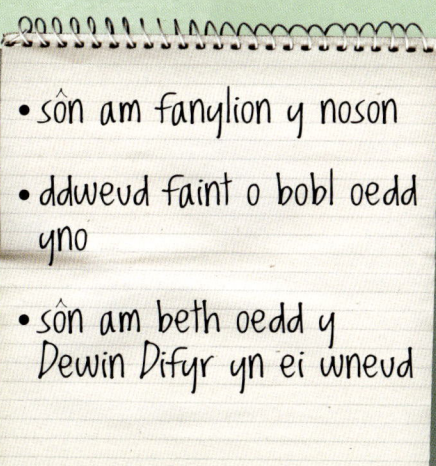

- ddweud beth oedd y tric gorau
- ddweud beth oedd barn pobl eraill
- ddweud a fyddech chi'n mynd i weld y Dewin Difyr eto

Edrychwch ar y llun o'r dewin ar dudalen 20 unwaith eto.

Ysgrifennwch baragraff i ddisgrifio'r dewin.

- Mae gan y dewin…
- Mae ganddo…
- Mae'n gwisgo…
- Clogyn… sydd ganddo.
- Het… sydd ganddo.
- Sylwaf fod ganddo…

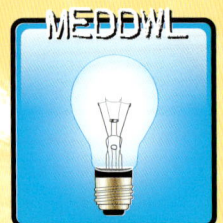

Pa fath o bethau mae dewiniaid yn gallu eu gwneud yn eich barn chi?

Pe baech chi'n ddewin, beth fyddech chi eisiau ei wneud?

UNED 2 | HUD A LLEDRITH

Un peth mae dewiniaid yn gallu ei wneud ydy creu swynion.

Mae angen cynhwysion i wneud swynion.

Darllenwch y rysáit hwn sy'n creu swyn fydd yn gwneud i chi hedfan.

SWYN HEDFAN

Cynhwysion
chwe deilen werdd
chwe deilen grin
sudd petalau blodau melyn
blew cath ddu
powlen
llwy bren

Dull
- Arhoswch tan ei bod hi'n ganol nos.
- Casglwch yr holl gynhwysion yng ngolau'r lleuad.
- Yn gyntaf, cymysgwch y dail.
- Wedyn, ychwanegwch sudd y petalau.
- Trowch y cwbl ddeg gwaith.
- Ychwanegwch flew y gath ddu.
- Peidiwch â gadael i'r gath fewian wrth i chi gasglu ei blew.
- Trowch y cyfan ddeg gwaith i'r dde.
- Yna, trowch y cyfan ddeg gwaith i'r chwith.
- Dywedwch y geiriau hyn wrth gymysgu gyda'r llwy:

> "Awyr ddu, lleuad wen,
> Coda fi, coda fi
> Yn uchel iawn,
> Fel petawn
> Yn aderyn yn y nen."

- Dylech redeg yn gyflym. Cyn y degfed cam byddwch chi'n hedfan.
- Mwynhewch!

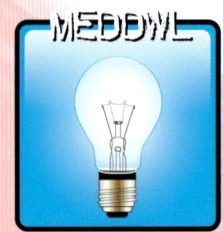

Pa fath o swyn fyddech chi'n hoffi ei greu?

Pa fath o gynhwysion fyddai eu hangen?

> Ble ydych chi'n mynd i gasglu'r cynhwysion?

> Pryd mae angen i chi eu casglu?

> Beth fydd angen i chi ei wneud gyda'r cynhwysion?

> Oes rhaid dweud rhywbeth arbennig wrth eu cymysgu?

Ewch ati i ysgrifennu'r swyn.
Bydd angen i chi ysgrifennu:

✹ enw'r swyn

✹ y cynhwysion ar gyfer y swyn

✹ sut i wneud y swyn

Meddyliwch am bethau ych-a-fi ac afiach i'w rhoi yn y swyn!

Pwy fydd yn gallu creu'r swyn mwyaf ofnadwy tybed?

Sylwch ar y geiriau hyn:

| arhoswch | casglwch | cymysgwch |

Beth sydd yn debyg rhwng y geiriau hyn?

Maen nhw'n gorffen gydag '-wch'.

Rydyn ni'n defnyddio berfau sy'n gorffen gydag '-wch' pan fyddwn ni'n dweud wrth rywun beth i'w wneud.

Trowch y berfau hyn yn ferfau '-wch'.

troi	tro + wch	trowch
ychwanegu	ychwaneg + wch	
defnyddio	defnyddi + wch	
rhoi	rho + wch	
cyfri	cyfr + wch	
tynnu	tynn + wch	

Cofiwch hefyd fod y geiriau hyn yn ddefnyddiol er mwyn cael trefn ar eich swyn:

Ydych chi'n mynd i gael geiriau arbennig i'w dweud cyn i'r swyn allu gweithio?

Beth fyddan nhw? A fyddan nhw'n hawdd i'w cofio?

UNED 2 | HUD A LLEDRITH | 27

Darllenwch y gerdd hon gan Ceri Wyn Jones.

Cyn darllen, gwnewch yn siŵr eich bod yn gwybod beth ydy ystyr y geiriau hyn:

Rhestr Siopa'r Wrach

Bwced o chwys a bacwn,
a blociau caws a blew cŵn;
drymstics brân a hosan hen,
bara sych a bresychen;
menyn yn llawn gwymonach,
can o bop llawn cywion bach;
Coca Cola â blas cod,
a *Fanta* llawn llyffantod;
letysen o liw tisiad,
panas a stêc fel pants Dad;
grawnfwyd llwyd (sy'n cynnwys llau),
a chwdyn pesychiadau;
dwy badell o waed budur
a saith o afalau sur.

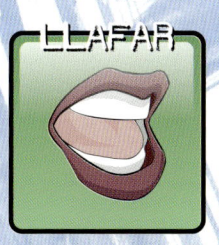

Darllenwch y gerdd eto a thrafodwch y cwestiynau hyn:

★ Beth ydy'r pedwar peth ar restr siopa'r wrach sydd yn dechrau gyda'r llythyren '**b**'?

★ Pa eiriau sydd yn odli gyda'r geiriau hyn?

bacwn

hen

tisiad

budur

★ Pa linell yn y gerdd ydy eich hoff linell chi? Pam?

★ Ysgrifennwch eich hoff linell ar ddarn o bapur a gwnewch lun i gyd-fynd â'r geiriau.

Mae angen i'r wrach wneud rhestr siopa.

Beth fydd y wrach yn gallu ei brynu mewn siop?

bacwn   menyn   blew cŵn

gwaed   chwys   llyffantod

afalau   stêc   hosan

UNED 2 | HUD A LLEDRITH   29

DARLLEN

Y Llyfr Ryseitiau – Gwaed y Tylwyth

Mae Mam-gu Gwiddan wedi marw. Mae hi wedi gadael llyfr arbennig iawn i Gwiddan – Llyfr Ryseitiau. Nid llyfr ryseitiau bwyd ydy'r llyfr hwn. Llyfr ryseitiau swynion o bob math ydy'r llyfr! Mae Gwiddan wrth ei bodd.

'Gwiddan! Gwiddan, lle rwyt ti?'
Agorodd y drws a gwthiodd ei thad ei ffordd i mewn i'w hystafell wely.
'Beth wyt ti moyn?' gofynnodd Gwiddan iddo'n **swrth**.
'Mae gen i rywbeth i ti,' sibrydodd ei thad yn gyffrous, gan estyn pecyn bach brown iddi.
'Beth yw e?' holodd Gwiddan, heb fawr o frwdfrydedd. Doedd y parsel yn sicr ddim yn edrych yn ddiddorol iawn.
'Wel agora fe!' **anogodd ei thad**. 'Roeddwn i'n mynd i'w roi e i ti ar dy ben-blwydd … ond fe benderfynes i nad oeddwn i'n gallu aros pythefnos arall!'
Dadlapiodd Gwiddan y papur brown yn araf, ond gwyliai ei thad hi gyda llygaid **awyddus**. Roedd e'n amlwg yn meddwl fod hwn yn ddigwyddiad mawr, ond roedd Gwiddan yn gwybod mai pethau bach oedd yn gwneud ei thad yn hapus.
Tynnodd Gwiddan y darn papur olaf oddi ar y **gwrthrych**.
'Wel?' ebychodd ei thad.
Gorweddai hen lyfr **llychlyd** yn ei dwylo. Darllenodd hi'r teitl ar y clawr: 'Y Llyfr Ryseitiau.' Hwn oedd trysor pennaf ei mam-gu. Dechreuodd Gwiddan lefain y glaw.

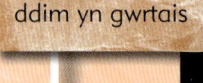
swrth – ddim yn gwrtais

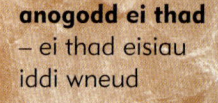
anogodd ei thad – ei thad eisiau iddi wneud

awyddus – eisiau ei weld yn digwydd

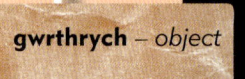
gwrthrych – object

llychlyd – llawer o lwch

'Dere di, cariad,' cysurodd ei thad hi. 'Paid â chrio!'

'Dyw Mam-gu ddim yn dod 'nôl, yw hi?' mwmialodd Gwiddan trwy ei dagrau.

'Nac ydy, cariad,' meddai ei thad yn ofalus. 'Ond roedd hi am i ti gael y llyfr yma i gofio amdani … Fe ddyle dy fam fod wedi'i gael e ganddi'n gyntaf, ond wedi i Mam farw roedd Mam-gu'n gwybod mai ti fydde'n cael y llyfr.'

Tawelodd Gwiddan ychydig.

'Sa i'n deall,' meddai. 'Pam mai fi sy'n ei gael e ac nid ti? Ti sy'n coginio i ni'n dau!'

Chwarddodd ei thad. 'Nid llyfr ryseitiau **arferol** yw hwn, Gwiddan fach, ond fe ddoi di i ddeall hynny cyn bo hir.' Cododd, a chychwyn am y drws cyn ychwanegu, 'a beth bynnag, ti yw'r un sy'n …' stopiodd ei thad ar ganol brawddeg.

'Sy'n be?' holodd Gwiddan.

'O, dim ots,' atebodd ei thad, a diflannu o'i stafell.

Edrychodd Gwiddan ar y llyfr. Roedd e'n hen, hen lyfr. Roedd llythrennau'r teitl yn anodd iawn i'w darllen mewn mannau, ac roedd y clawr wedi'i wneud o ddeunydd rhyfedd iawn: edrychai a theimlai fel lledr, ond nid lledr cyffredin oedd e. Roedd cyffwrdd â'r croen yn deimlad hyfryd … ac eto'n **annifyr** hefyd.

Agorodd hi'r clawr. Tu mewn, roedd tudalennau o hen lawysgrifen brydferth, ac ar y dudalen olaf gwelodd ei henw ei hun:

I Gwiddan –
Dy lyfr di yw hwn nawr.
Llyfr y Tylwyth ydyw.
Defnyddia fe'n ddoeth.

Cariad,
Mam-gu.

arferol – *normal*

annifyr – *rhyfedd*

ailadroddodd – dweud y geiriau eto

gwefr – yn ei gwneud yn gyffrous

chwinciad chwannen – yn gyflym dros ben

cyfarwyddiadau – instructions

Ailadroddodd y geiriau i'w hun, 'defnyddia fe'n ddoeth.' Gwgodd. 'Faint o niwed fedra i wneud gyda rysáit bara brith?'

Bodiodd Gwiddan trwy'r llyfr yn gyflym. Am ryw reswm, roedd hi wedi ei chynhyrfu ganddo. Roedd cyffwrdd â'r llyfr yn rhoi **gwefr** iddi, yn gwneud i'w dwylo ogleisio. Wrth iddi ei astudio'n fwy gofalus, sylwodd yn fuan nad llyfr ryseitiau *coginio* oedd hwn.

Ar bob tudalen roedd teitl rysáit wahanol, megis 'Sut i fod yn anweladwy', 'Sut i dacluso ystafell flêr mewn **chwinciad chwannen**', 'Sut i wneud byd o waith mewn eiliad', a hyd yn oed rysáit i 'Dawelu pobl ddiflas'!

'Defnyddiol iawn!' mwmialodd hi, ond heb gymryd y peth o ddifrif am eiliad.

Wrth iddi fodio'n hamddenol trwy'r llyfr, daeth Gwiddan o hyd i dudalen arbennig.

'Swyn yr angel,' darllenodd hi. 'Mae hwn yn swnio'n ddiddorol!'

Crwydrodd ei bys i lawr y dudalen nes cyrraedd at y **cyfarwyddiadau**.

Mae angen:
- *Lle agored*
- *Hen ddilledyn ar ran uchaf eich corff*
- *Dail llysiau'r angel (dwy ddeilen)*
- *Golau'r lleuad*

'Dim problem!' meddai Gwiddan yn gadarn, fel petai hi newydd ddeall rheolau gêm newydd.

Beth ydych chi'n credu fydd Gwiddan yn ei wneud nesaf?

Darllenwch y stori eto a thrafodwch y cwestiynau hyn:

1. Beth sydd wedi digwydd i fam-gu Gwiddan?

2. Pam mai Gwiddan sydd wedi cael y Llyfr Ryseitiau?

3. Pa fath o lyfr ryseitiau ydy'r llyfr hwn?

4. Enwch ddau fath o rysáit sydd ynddo.

5. Pa rysáit mae Gwiddan yn mynd i'w wneud?

Edrychwch am ystyr y geiriau hyn.
Ysgrifennwch y geiriau mewn brawddegau sydd yn gwneud synnwyr.

gwthiodd	pythefnos
mwmialodd	anodd
eiliad	hamddenol

Pa swynion eraill allai fod yn y llyfr hwn?

Beth am swyn i 'orffen gwaith cartref cyn ei ddechrau'?

Meddyliwch am bedwar swyn arall allai fod yn y llyfr.

Bydd angen i chi greu rysáit ar gyfer un o'r swynion hyn.

UNED 2 | HUD A LLEDRITH

YSGRIFENNU

Mae eich athro/athrawes wedi gofyn i chi ysgrifennu stori ar gyfer disgyblion sydd yn iau na chi yn yr ysgol.

Mae disgyblion y dosbarth wrth eu bodd gyda swynion.

Ysgrifennwch stori sydd yn cynnwys swyn arbennig.

Beth ydy'r swyn fyddwch chi'n ei ddefnyddio yn eich stori?

A fydd y swyn yn rhoi pwerau arbennig i rywun?

A fydd y swyn yn newid rhywbeth?

A fydd y swyn yn hawdd i'w wneud?

Cyn dechrau ysgrifennu, mae'n rhaid meddwl am beth sydd yn mynd i ddigwydd yn y stori a phwy ydy cymeriadau'r stori.

tudalen 34

	Cymeriad 1	Cymeriad 2	Cymeriad 3
Oed			
Edrychiad			
Ffrindiau gyda…?			
Pa fath o berson?			
Pwerau hudol			

Meddyliwch am beth fydd yn digwydd yn eich stori.
Cofiwch mai stori i blant bach ydy hi.
Does dim angen i'r stori fod yn rhy gymhleth.

Dechrau'r stori

1. Ble mae'r stori'n dechrau?	2. Pa fath o le sydd yno?
3. Pwy sydd yno?	4. Beth maen nhw'n ei wneud?

Digwyddiad 1

1. Oes rhywbeth yn digwydd?	2. Oes angen swyn ar rywun?
3. Pwy sy'n gallu gwneud y swyn?	4. Beth ydy'r swyn?

Digwyddiad 2

1. Beth sydd ei angen i wneud y swyn?	2. Ble mae'r pethau hyn i'w cael?
3. Ydyn nhw'n hawdd i'w cael?	4. Beth ydy'r dull i wneud y swyn?
5. Oes angen geiriau hudol?	6. Beth ydy'r geiriau hynny?

Diwedd

1. Beth sy'n digwydd ar ôl gwneud y swyn?
2. Ydy pawb yn hapus?

Ewch ati i ysgrifennu'r stori.
Cofiwch wneud y stori'n ddiddorol ar gyfer plant sydd yn iau na chi.

UNED 3 | I BEDWAR BAN BYD

I BEDWAR BAN BYD

Rydych chi wedi ennill gwobr!
Darllenwch y daflen hon.

LLONGYFARCHIADAU!

Rydych chi wedi ennill tocyn i ddau i
deithio o amgylch y byd!
(Rhaid i un o'r ddau fod yn hŷn na 21 oed)

Byddwch yn dal awyren o Lundain
ac yn ymweld â'r gwledydd hyn:

Gallwch dreulio hyd at fis cyfan ym mhob gwlad!
Rydych chi'n hedfan o Heathrow, Llundain
ar ddydd Mercher, y 25ain o Hydref!

MWYNHEWCH!

Chi sydd wedi ennill y tocyn!

- Sut ydych chi'n teimlo?
- I sawl gwlad fyddwch chi'n mynd?
- Pa wlad ydych chi eisiau ymweld â hi fwyaf? Pam?
- Am faint ydych chi'n cael aros ym mhob gwlad?
- Pryd fyddwch chi'n dechrau ar eich taith?

DARLLEN

Dyma fap o'r byd.

Darllenwch y ffeithiau am y gwahanol wledydd.

Gwlad: Unol Daleithiau America
Poblogaeth: tua 306 miliwn
Arian: Doler Americanaidd
Profiad: Ymweld â'r Grand Canyon a hedfan ymlaen i Ganada i weld y *Niagra Falls*.

Gwlad: Gwlad Thai
Poblogaeth: tua 65 miliwn
Arian: Baht
Profiad: Mynd i snorclo a gweld pysgod gwych o dan y dŵr.

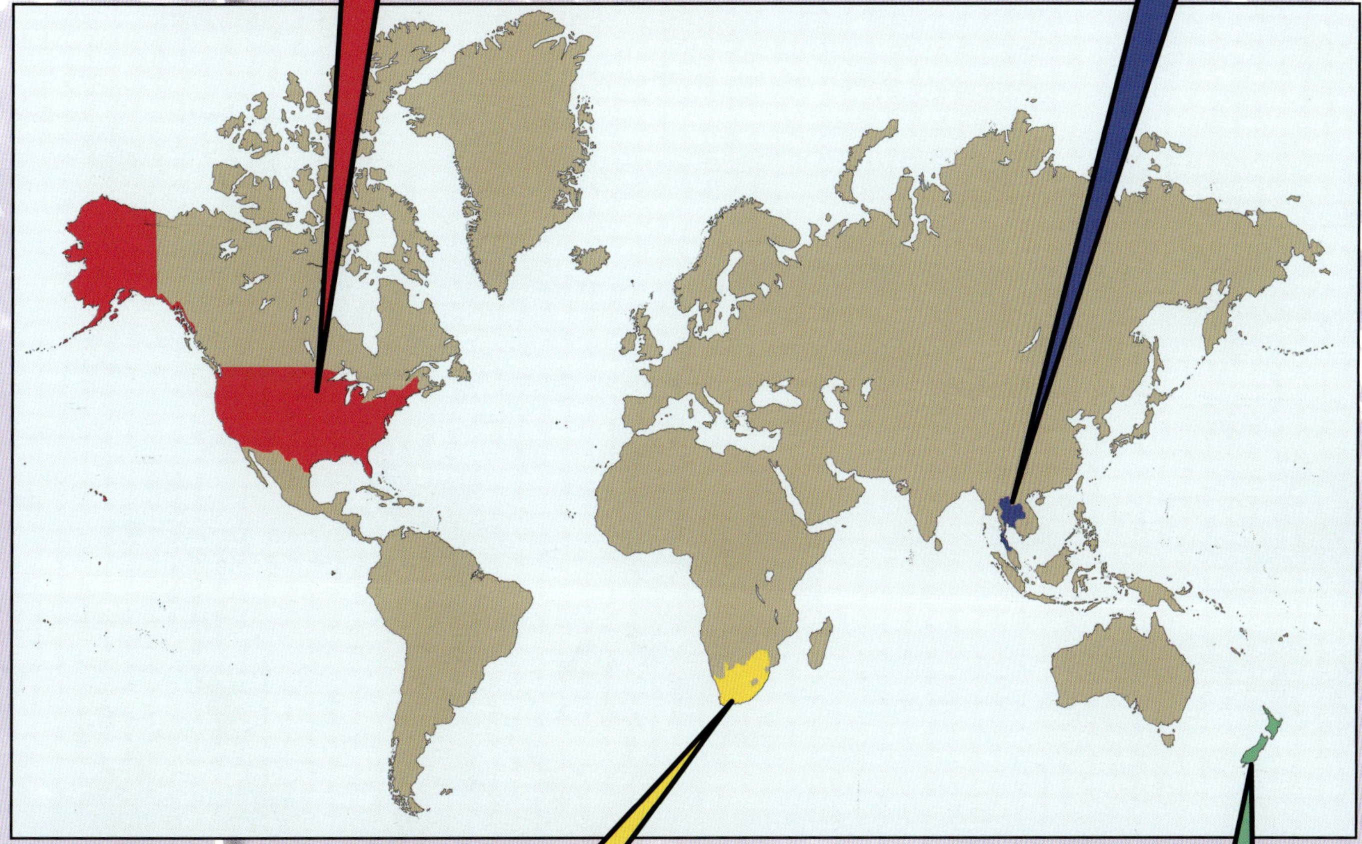

Gwlad: De Affrica
Poblogaeth: tua 49 miliwn
Arian: Rand
Profiad: Ymweld â Pharc Cenedlaethol Kruger, parc mwyaf De Affrica. Lle llawn o anifeiliaid gwyllt fel y llewpart, yr hipo a'r eliffant.

Gwlad: Seland Newydd
Poblogaeth: tua 4.3 miliwn
Arian: Doler Seland Newydd
Profiad: Neidio bynji!

UNED 3 | I BEDWAR BAN BYD

Rydych chi'n dweud wrth Mam a Dad eich bod yn mynd ar daith o amgylch y byd am bedwar mis.

Mae'n rhaid i chi ofyn i Mam neu Dad ddod gyda chi!

Beth ydych chi'n feddwl fyddan nhw'n ei ddweud?

Sut maen nhw'n mynd i benderfynu pwy sy'n dod?

Chi	Mam neu Dad

Edrychwch eto ar y gwahanol wledydd fyddwch chi'n ymweld â nhw.

Mae'n rhaid i chi ddechrau pacio!

Cofiwch fod yn rhaid rhoi'r cyfan mewn un bag mawr!

Pethau i'w gwisgo
Crysau T

Pethau ymolchi
Brwsh dannedd

Pethau defnyddiol eraill
Ffôn symudol

UNED 3 | I BEDWAR BAN BYD

Mae eich awyren chi'n hedfan o faes awyr Heathrow, ger Llundain.

Mae'r daith gyntaf yn mynd â chi i Dde Affrica.

Mae angen i chi wneud nodyn o'r dyddiad fyddwch chi'n hedfan i bob gwlad.

Maes awyr	Cyrraedd gwlad	Dyddiad cyrraedd	Dyddiad gadael
O Heathrow, Llundain i faes awyr Nelspruit	De Affrica	25ain Hydref	20fed Tachwedd
O Dde Affrica i faes awyr Bangkok	Gwlad Thai	20fed Tachwedd	18fed Rhagfyr
O Bangkok i faes awyr Auckland	Seland Newydd	18fed Rhagfyr	21ain Ionawr
O Auckland i faes awyr Los Angeles	Unol Daleithiau America	22ain Ionawr	19eg Chwefror
O Los Angeles i faes awyr Toronto	Canada	19eg Chwefror	26ain Chwefror
O Toronto i faes awyr Heathrow	Lloegr	27ain Chwefror	

UNED 3 | I BEDWAR BAN BYD

- Beth ydy enw maes awyr De Affrica?
- Pryd fyddwch chi'n cyrraedd Gwlad Thai?
- Ble fyddwch chi'n dathlu dydd Nadolig?
- Beth ydy enw'r maes awyr y byddwch chi'n hedfan ohono i fynd i Unol Daleithiau America?
- Pryd fyddwch chi'n cyrraedd Unol Daleithiau America?
- Pryd fyddwch chi'n gadael Canada?
- Beth ydy enw'r maes awyr y byddwch chi'n hedfan ohono i fynd yn ôl i Loegr?

Rydych chi'n gadael Heathrow am Dde Affrica. Ysgrifennwch neges destun i'w hanfon at eich ffrind gorau.

- Beth fyddai'ch sgwrs chi gyda Mam neu Dad ar yr awyren?
- Beth ydych chi'n edrych ymlaen at ei weld neu ei wneud?
- Ydych chi'n mynd i hiraethu am rywbeth?

Dyma wybodaeth am Barc Kruger. Byddwch yn aros yn y parc am ychydig ac yn mynd ar saffari er mwyn gweld bywyd gwyllt De Affrica.

Parc Kruger

Dyma barc cenedlaethol mwyaf De Affrica. Yma cewch gyfle i weld dros 500 o wahanol fathau o adar, gan gynnwys yr eryr. Mae pobl yn heidio yma er mwyn gweld y '5 anifail mawr', sef y llewpart, yr eliffant, y llew, y byfflo a'r rhinoseros. Mae anifeiliaid o bob math yn y parc – 31,000 byfflo, 25,000 sebra, 6,600 jiraff, 3,000 hipopotamws a thros 13,000 o eliffantod. Mae cyfle i aros am gyfnod yng nghanol yr holl anifeiliaid gwyllt hyn, ac mae dewis o 26 gwersyll o fewn y parc. Mwynhewch brofiad bythgofiadwy!

* Pa anifeiliaid fyddech chi'n edrych ymlaen fwyaf at gael eu gweld? Pam?

* Ydych chi erioed wedi bod mewn sŵ? Sut fyddai mynd i barc cenedlaethol fel hyn yn wahanol i fynd i sŵ?

Edrychwch ar y ddau lun yma:

Beth sydd yn debyg neu'n wahanol rhwng y ddau lun?

YSGRIFENNU

Edrychwch ar y lluniau hyn:

Dewiswch ddau o'r lluniau.

Ysgrifennwch baragraff yn disgrifio'r anifail yn y llun.

Gallwch ddechrau eich brawddegau fel hyn:

Mae gan y…	Mae ganddo…
Gallwch weld…	Sylwaf fod gan y…
Rydw i'n credu ei fod yn anifail…	Un… ydy'r…

44 | UNED 3 | I BEDWAR BAN BYD

Edrychwch ar y llun hwn o Wlad Thai.

- Beth ydych chi'n ei weld yn y llun?
- Sut mae'r amser yng Ngwlad Thai yn mynd i fod yn wahanol i'r amser yn Ne Affrica?

Ysgrifennwch gerdyn post at deulu neu ffrindiau adre.

Disgrifiwch:

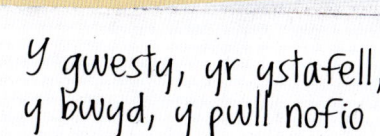

Y gwesty, yr ystafell, y bwyd, y pwll nofio

Y tywydd a'r golygfeydd

Y traeth a'r hyn sydd yno

Y môr a'r gwahanol bethau sydd i'w gwneud

Rydych chi'n cael cyfle i fynd i snorclo yng Ngwlad Thai.

★ Ydych chi eisiau mynd?

★ Pam?

★ Beth ydych chi'n gobeithio ei weld?

★ Sut ydych chi'n meddwl fyddwch chi'n teimlo o dan y dŵr?

Rydw i'n teimlo'n...

Rydw i'n gallu gweld...

Dyma'r rheolau cyn i chi fentro mynd i snorclo.

1. Peidiwch â snorclo ar eich pen eich hun.
2. Rhaid cael eich hyfforddi gan rywun proffesiynol.
3. Gwnewch yn siŵr fod yr offer yn gweithio.
4. Ewch i snorclo mewn rhan dawel o'r môr, ymhell o gychod cyflym.
5. Gofalwch ei bod hi'n dywydd braf, ac nad ydy hi'n stormus.
6. Peidiwch â snorclo os oes gennych chi annwyd.

★ Pa reol ydy'r mwyaf pwysig yn eich barn chi? Pam?

Ffeithiau am Seland Newydd

Mae dwy ynys yn Seland Newydd – Ynys y De ac Ynys y Gogledd. Mae Seland Newydd drws nesaf i Awstralia, er bod dros 1,000 o filltiroedd rhwng y ddwy wlad. Y Maori ydy'r enw ar bobl wreiddiol Seland Newydd, ond erbyn heddiw mae pobl o bob rhan o'r byd yn byw yno. Tua 14% o boblogaeth Seland Newydd sy'n galw eu hunain yn bobl Maori. Mae'r Maori yn siarad eu hiaith eu hunain, ac mae'r iaith Maori'n cael ei dysgu yn yr ysgolion. Mae dwy sianel deledu yn iaith y Maori hefyd.

Ynys y De ydy'r ynys fwyaf, a Mynyddoedd Cook ar yr ynys hon ydy'r mynyddoedd uchaf yn y wlad. Mae Ynys y Gogledd yn llai ond mae rhai llosgfynyddoedd ar yr ynys hon. Mae golygfeydd gwych yn Seland Newydd ac yma y cafodd ffilmiau 'Lord of the Rings' eu ffilmio.

Mae llawer o bobl Seland Newydd yn ffermio defaid ac mae ffermwyr y wlad yn enwog iawn am gneifio defaid. Mae pobl Seland Newydd wrth eu boddau yn chwarae rygbi hefyd, ac oherwydd y tywydd braf mae pob math o chwaraeon yn boblogaidd yno.

 Sawl milltir sydd rhwng Awstralia a Seland Newydd?

 Pwy ydy'r Maori?

 Beth ydy'r gwahaniaeth rhwng Ynys y Gogledd ac Ynys y De?

 Beth mae pobl Seland Newydd yn mwynhau ei wneud?

LLAFAR

Edrychwch ar y person yma.

Beth mae e'n ei wneud?

- Sut ydych chi'n meddwl mae e'n gallu gwneud hyn?
- Ydych chi'n nabod rhywun sydd wedi gwneud rhywbeth tebyg?
- Fyddech chi'n hoffi gwneud naid bynji? Pam?

LLAFAR

Dychmygwch eich bod yn siarad gyda rhywun sydd newydd wneud naid bynji. Dydych chi ddim yn gwybod os ydych chi eisiau mentro ai peidio! Mewn parau, penderfynwch:

- pwy sydd newydd neidio – partner A
- pwy sydd heb benderfynu – partner B

Dylai partner A geisio perswadio partner B i wneud y naid bynji.

Dylai partner B ofyn digon o gwestiynau i bartner A cyn penderfynu beth i'w wneud!

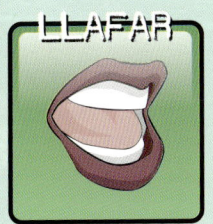

Mae'n bryd i chi ffarwelio â Seland Newydd a hedfan i Unol Daleithiau America.

Beth ydy'r prif bethau ydych chi'n meddwl amdanyn nhw wrth feddwl am y wlad hon?

Darllenwch y wybodaeth yma am y Grand Canyon, un o ryfeddodau America. Mae'r Grand Canyon wrth ymyl Los Angeles.

> Mae'r Grand Canyon yn 277 milltir o hyd ac wedi'i greu wrth i afon Colorado lifo drwy'r dyffryn dros gyfnod o chwe miliwn o flynyddoedd. Mae'n lle diffaith iawn a does dim llawer o blanhigion yn tyfu yno. Roedd y Grand Canyon yn arfer bod yn gartref i rai o'r Indiaid Cochion, a fyddai'n byw yn yr ogofâu sydd yn y dyffryn.
>
> Mae tua 5 miliwn o bobl yn dod i weld y Grand Canyon bob blwyddyn. Mae nifer fawr ohonynt yn dewis gweld y lle trwy deithio mewn hofrennydd, ond mae'n well gan eraill rafftio i lawr afon Colorado, sy'n llifo drwy ganol y Grand Canyon. Mae rhai'n dewis teithio ar gefn ceffyl. Mae modd gwersylla yn y Grand Canyon a chymryd eich amser i farchogaeth o un pen i'r llall. Byddwch yn ofalus os ydych chi'n dewis gwneud hyn – mae ambell flaidd yn byw yn y Grand Canyon!

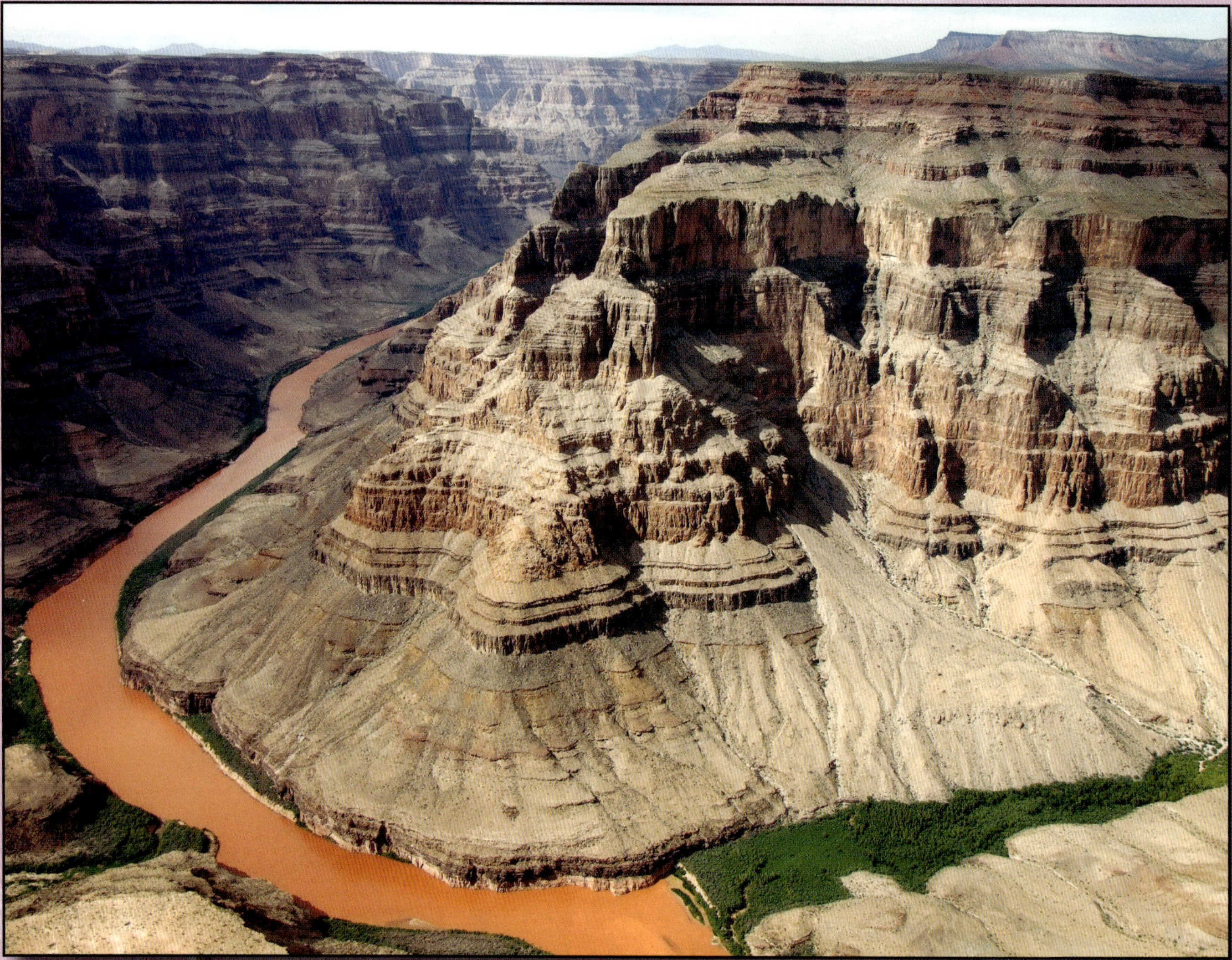

YSGRIFENNU

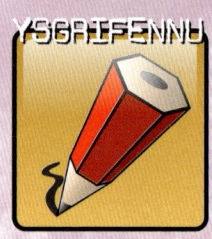

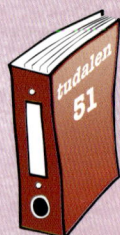

- Beth ydy enw'r ddinas agosaf at y Grand Canyon?
- Sut gafodd y dyffryn ei greu?
- Pwy oedd yn arfer byw yno?
- Faint sy'n dod i ymweld â'r Grand Canyon bob blwyddyn?
- Mae'r daflen yn sôn am dair ffordd o weld y Grand Canyon. Beth ydyn nhw?

1	2	3

- Sut fyddech chi'n hoffi gweld y Grand Canyon? Pam?

Rydych chi ar ran olaf eich taith o amgylch y byd ac yn hedfan i Toronto er mwyn gweld rhaeadr Niagra – y *Niagra Falls* – cyn dechrau teithio am adre.

* Sut fyddech chi'n teimlo erbyn hyn?
* Ydych chi'n edrych ymlaen i fynd adre neu beidio?

Wrth deithio mewn cwch o dan raeadr Niagra, rydych chi'n meddwl am bopeth rydych chi wedi'i wneud yn ystod y pedwar mis diwethaf.

* Beth sydd wedi aros yn eich cof a pham?

Rydych chi'n sgwrsio gyda Mam neu Dad ar y cwch o dan y rhaeadr.

Mae'r ddau ohonoch yn hel atgofion am:

* y gwahanol lefydd rydych chi wedi ymweld â nhw
* y gwahanol bethau rydych chi wedi eu gwneud

Rydych chi'n holi eich gilydd am:

* beth ydych chi wedi'i fwynhau
* beth sydd wedi aros yn eich cof
* pa wlad fyddech chi'n hoffi ymweld â hi eto
* pa lefydd eraill yn y byd hoffech chi fynd iddyn nhw y tro nesaf!

Perfformiwch y ddeialog o flaen gweddill y dosbarth.

Beth sy'n gwneud deialog dda?

Rydych chi wedi bod yn cadw dyddiadur ar eich taith o amgylch y byd.

Ysgrifennwch un cofnod dyddiadur am bob gwlad rydych chi wedi ymweld â hi.

1. Hedfanon ni yn gyntaf i Dde Affrica…

2. Y lle nesaf ar y daith ydy Gwlad Thai…

3. Rydyn ni wedi cyrraedd Seland Newydd…

4. Mae'n bryd gadael Seland Newydd a theithio i Los Angeles er mwyn gweld…

5. Ymlaen o'r Grand Canyon i Ganada er mwyn gweld…

6. Mae'n amser mynd adre ar ôl pedwar mis o deithio'r byd!

Ewch ati i gynllunio'n ofalus cyn dechrau ysgrifennu'ch dyddiadur. Cofiwch sôn am:

- y wlad
- y bobl
- y tywydd
- y golygfeydd
- ymweliadau
- y profiad

UNED 4 | **DIDDOROL A DIFYR!**

DIDDOROL A DIFYR!

Pa mor gyflym ydych chi'n gallu rhedeg?
Amserwch eich hun yn rhedeg 100 metr yn ystod eich amser chwarae.
Tybed beth fydd yr amser?

Darllenwch am y pethau cyflym hyn.
Ydyn nhw'n arafach neu'n gyflymach na chi?

Awyren

Cafodd y record am y daith awyren gyflymaf erioed ei greu yn 2004. Llwyddodd awyren NASA, yr *X-43A Hyper-X*, i deithio ar gyflymder o 11,254 km yr awr.

Car

Ym mis Hydref 1997, teithiodd car o Brydain ar gyflymder o 1,228 km yr awr. Enw'r car oedd y *Thrust SSC*. Un car fel hyn gafodd ei greu erioed.

Mae'r record am y car cyflymaf y gall person ei brynu yn cael ei ddal gan yr *Aero* yn America. Llwyddodd y car hwn i deithio ar gyflymder o 413 km yr awr. Gallai fod wedi mynd yn gynt, ond doedd dim digon o heol ar ôl!

Trên

Mae'r trên cyflymaf yn y byd yn Ffrainc. Ym mis Ebrill 2007, teithiodd y trên ar gyflymder o 574 km yr awr. Costiodd y trên cyflym hwn £22 miliwn i'w adeiladu!

- Pa gerbyd oedd y cyflymaf?
- Pa gerbyd oedd yr arafaf?
- Pa un fyddech chi'n hoffi teithio ynddo? Pam?

	Cyflymder
Awyren NASA	
Car *Thrust SSC*	
Car *Aero*	
Trên Ffrainc	

- Ydy hi'n well gennych chi deithio'n araf neu'n gyflym? Pam?
- Beth ydy manteision teithio'n araf?
- Beth ydy manteision teithio'n gyflym?

Teithio'n araf	**Teithio'n gyflym**
• •	• •

Rydych chi'n gweithio i gwmni papur newydd.

Ysgrifennwch **bennawd** i'r papur newydd am bob un o'r digwyddiadau – pan wnaeth yr awyren, y ceir a'r trên deithio'n gyflym iawn.

Mae pennawd papur newydd yn fyr; mae'n wahanol i ysgrifennu brawddeg.

Mae pennawd papur newydd yn ddiddorol; er mwyn denu pobl i ddarllen yr erthygl.

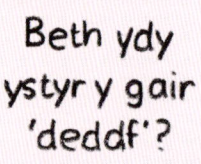

Beth ydy ystyr y gair 'deddf'?

* Ydych chi'n gallu meddwl am unrhyw ddeddfau yng Nghymru neu Brydain?

* Pwy sy'n gofalu bod pobl gyffredin ddim yn torri'r gyfraith?

* Fyddech chi'n hoffi gwneud eu swydd nhw? Pam?

Mae'r rhan fwyaf o ddeddfau'n gwneud synnwyr.
Pam ydych chi'n credu bod angen y deddfau hyn?

Deddf	Rheswm
Gwisgo gwregys diogelwch mewn car.	
Cŵn peryglus yn gorfod bod ar dennyn.	
Peidio â gyrru'n gyflymach na 70 milltir yr awr ar draffordd.	
Peidio â churo plant.	

Mae rhai deddfau gwirion iawn hefyd!
Mae'r deddfau hynny'n hen, hen ddeddfau sydd heb gael eu newid.

Oeddech chi'n gwybod ei bod hi'n bosib i chi fynd i'r carchar am osod stamp ar amlen gyda phen y frenhines yn wynebu am i lawr? Byddwch yn ofalus pan fyddwch chi'n postio llythyr y tro nesaf!

Dyma rai o ddeddfau gwirion y byd!

DEDDFAU GWIRION!

Hafan   Newyddion   Cysylltu â Ni   Dolenni

Gwlad	Deddf
Victoria, Awstralia	Dydych chi ddim yn cael gwisgo siorts pinc ar ôl amser cinio ar ddydd Sul!
Florida, America	Dydy menywod sydd heb briodi ddim yn cael defnyddio parasiwt!
China	Dydych chi ddim yn cael achub rhywun sydd yn boddi.
Illinois, America	Mae menyw yn gallu cael ei harestio am drio mwy na chwe ffrog mewn siop ddillad!
Milan, Yr Eidal	Mae'n rhaid i chi wenu drwy'r amser, heblaw am pan fyddwch chi mewn angladd neu mewn ysbyty.
Ffrainc a Groeg	Dydych chi ddim yn cael cusanu mewn gorsaf drên!
Caer, Lloegr	O fewn muriau'r dref, mae hawl gan bobl i saethu person o Gymru gyda bwa a saeth cyn canol nos. Byddwch yn ofalus os ydych chi'n mynd i Gaer!

★ Ym mha wlad y mae'r mwyaf o ddeddfau gwirion?

★ Pa un o'r deddfau hyn sydd fwyaf gwirion?

★ Pam ydych chi'n credu hyn?

Ysgrifennwch **ddwy** ddeddf wirion ar gyfer eich ardal chi.

Dyma hanes un o'r pethau mwyaf difyr i gael ei ddarganfod o dan y môr.

Seren Cymru

Mai 19, 2007
60 ceiniog

Cist Drysorau

Mae'r cwmni *Odyssey Marine Exploration* o Florida, America yn gwmni sydd yn chwilio am drysor o dan donnau'r môr. Mae'r cwmni wedi dod o hyd i lawer o bethau gwerthfawr yn ddwfn yn y moroedd mawr.

Er hyn, doedd neb yn gallu credu'r hyn wnaethon nhw ddod o hyd iddo'r wythnos hon. Daeth y cwmni o hyd i weddillion llong ym Môr yr Iwerydd. Suddodd y llong i waelod y môr tua'r flwyddyn 1700, a doedd neb wedi dod o hyd iddi tan yr wythnos hon.

Ar fwrdd y llong daeth y deifwyr o hyd i drysorau anhygoel – llond y lle o aur ac arian yn pwyso dros 17 tunnell. Mae pobl yn credu bod y trysor oedd ar fwrdd y llong yn werth £250 miliwn.

Roedd Mark Williams yn un o'r deifwyr welodd y trysor am y tro cyntaf:
"Doeddwn i ddim yn gallu credu fy llygaid; roedd hi fel bod mewn ffilm. I feddwl bod yr holl gyfoeth wedi cael ei guddio o dan y môr ers dros dri chan mlynedd!"

* Ydych chi'n gallu dod o hyd i unrhyw wybodaeth am drysor?
* Ewch ar dudalen 'Gwgl' ar y we a theipio'r geiriau 'trysor o dan y môr'. Beth sydd yno?

Dyma rai ffeithiau am ddyn ddaeth o hyd i drysor o dan ei wely.

- John Webber
- Bocs o dan ei wely ers 60 mlynedd
- Hen gwpan gafodd e gan ei dad-cu
- Cwpan yn 2,000 o flynyddoedd oed
- Gwerth £50,000
- Llwy aur yn y bocs hefyd, gwerth £10,000
- Tad-cu John Webber yn ddyn oedd yn casglu a gwerthu pethau
- Wedi rhoi'r cwpan a'r llwy i'w ŵyr am ei fod e'n credu nad oedden nhw'n werth ceiniog!

Ysgrifennwch erthygl bapur newydd am y pethau ddaeth John Webber o hyd iddyn nhw o dan ei wely.

Gallwch ddefnyddio'r ffeithiau sydd ar y dudalen hon yn yr erthygl.

Edrychwch eto ar erthygl 'Cist Drysorau' ar dudalen 58.

Beth ydy nodweddion erthygl bapur newydd?

UNED 4 | DIDDOROL A DIFYR!

Mae llawer o bethau difyr a diddorol yn digwydd yn y byd chwaraeon.

Darllenwch y ffeithiau hyn.

Cafodd y twrnamaint pêl-droed hiraf erioed ei gynnal ym México yn 2007. Roedd 8,600 o dimoedd a 148,714 o chwaraewyr yn cymryd rhan.

Gwnaeth dyn o Sweden yrru ei gar ar y ddwy olwyn ochr am 214 o filltiroedd. Cymerodd hi dros 10 awr iddo wneud hyn.

Gwnaeth Michelle Frost o Loegr redeg marathon Llundain ar bâr o stilts! Cymerodd hi dros 8 awr i redeg y marathon cyfan.

Mae marathon oeraf y byd yn cael ei gynnal ym Mhegwn y Gogledd. Mae'n rhaid rhedeg 42 km ar drwch o 2 fetr o eira!

- Beth ddigwyddodd ym México yn 2007?
- Faint o bobl oedd yn cymryd rhan?
- Beth oedd camp y dyn o Sweden?
- Sut wnaeth Michelle Frost redeg marathon Llundain?
- Faint o amser gymerodd hi iddi wneud hyn?
- Ble mae marathon oeraf y byd yn cael ei gynnal?

Sut allwch chi ddod o hyd i ystyr y gair 'marathon'?

Rydych chi eisiau rhedeg marathon Llundain er mwyn codi arian at elusen arbennig.

★ Pa elusen fyddai hi?

★ Sut fyddech chi'n paratoi ar gyfer y marathon?

Ymarfer	Bwyd	Dillad	Cwsg

Edrychwch ar y llun hwn o berson yn gorffen marathon Llundain.

Sut mae e'n edrych?

Sut mae e'n teimlo?

DARLLEN

Darllenwch y ffeithiau hyn am anifeiliaid diddorol y byd.

Anifail	Eliffant Affrica
Diddorol	Anifail mwyaf ar y tir
Taldra	Tua 3 metr
Pwyso	Tua 6,350 kg, neu yr un faint â 90 person!
Ffaith ddiddorol	Eliffant yn gallu symud yn dawel iawn, ac mae ei draed fel clustogau anferth.

Anifail	Morfil glas
Diddorol	Anifail mwyaf yn y môr
Hyd	Tua 25 metr
Pwyso	Tua 180 tunnell
Ffaith ddiddorol	Clywed sŵn morfil yn agos yn eich gwneud yn fyddar.

Anifail	Python
Diddorol	Neidr hiraf y byd
Hyd	Hyd at 10 metr
Pwyso	Hyd at 140 kg
Ffaith ddiddorol	Bwyta anifeiliaid fel crocodeil, neu bobl hyd yn oed, yn gyfan.

Dewiswch un o'r anifeiliaid hyn.
Ysgrifennwch baragraff am yr anifail.

★ Defnyddiwch y wybodaeth sydd yn y grid.

★ Mae croeso i chi ddod o hyd i fwy o wybodaeth os hoffech chi.

★ Defnyddiwch y llun er mwyn disgrifio'r anifail hefyd.

Dyma lun o bry cop mwyaf y byd.

Disgrifiwch y llun.

Mae gan y pry cop…

Gallaf weld…

Coesau… sydd ganddo.

Rydw i'n sylwi bod ganddo…

UNED 4 | DIDDOROL A DIFYR!

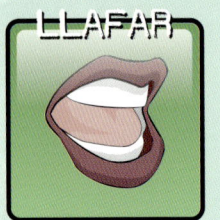

Edrychwch ar y ddau lun yma.

* Beth sydd yn debyg rhwng y ddau lun?
* Beth sydd yn wahanol rhwng y ddau lun?

Dewiswch un o'r lluniau. Ysgrifennwch baragraff yn disgrifio'r llun.

UNED 4 | DIDDOROL A DIFYR!

Darllenwch am y teganau difyr yma.

> **Beth am brynu car tegan gwerth £71,000?**
> Mae'r car 64 gwaith yn llai na char go iawn, ac wedi ei wneud gan gwmni 'Hot Wheels'. Mae 2,700 o ddiemyntau ar gorff y car ac mae'r goleuadau wedi eu gwneud o emau.

> **A fyddai'n well gennych chi brynu tŷ dol yn lle tŷ go iawn?**
> Mae un tŷ dol wedi ei greu sydd yn werth £200,000 – pris tŷ go iawn! Roedd creu carpedi ar gyfer y tŷ wedi costio £3,000. Cafodd y tŷ ei greu yn Lloegr ar gyfer cwsmer yn America.

> **Ydych chi'n hoffi creu pethau gyda lego?**
> Cafodd hanner miliwn o ddarnau lego eu defnyddio i greu twr yn Legoland, Windsor. Mae'r twr yn 30 metr o daldra. Dydy'r twr heb ddisgyn eto!

Pa un o'r teganau yma fyddech chi'n hoffi ei gael? Pam?

Mae'n rhaid i chi greu tegan mwyaf gwerthfawr y byd i gyd! Beth fyddech chi'n ei greu?

1 Meddyliwch am ba degan rydych chi eisiau ei greu.

2 Sut allwch chi wneud y tegan yn werthfawr iawn? Pa ddeunyddiau? e.e. aur, arian, diemyntau

3 Labelwch bob rhan o'r tegan gan ysgrifennu digon o fanylion, e.e. blociau aur

LLAFAR

A fyddech chi'n hoffi bod yn y 'Guinness Book of Records'?

Pa record allai aelodau eich dosbarth chi ei dorri?

> Beth am dorri'r mwyaf o wyau mewn un funud, a hynny gyda'ch pen? Ar hyn o bryd, y record ydy 40.

> Llwyddodd 105 o bobl i drefnu brwydr gwstard yn Awstralia. Dyma record y byd am wneud hyn!

> Beth am bîlio a bwyta bananas? Record y byd am wneud hyn ydy 3 banana mewn un funud.

> Torrodd 8 person record y byd wrth fyrstio balŵns! Llwyddon nhw i fyrstio 1,000 o falŵns mewn 8.78 eiliad.

Meddyliwch am record fyddech chi'n gallu ei dorri.

Gallech chi drefnu bod pobl yn eich noddi i wneud hyn er mwyn codi arian tuag at elusen.

* Beth ydy syniadau'r dosbarth?
* Ydy'r syniadau'n rhai ymarferol?
* Sut fyddech chi'n mynd ati i drefnu'r digwyddiad?

UNED 5 | LLADRON TIR A MÔR

LLADRON Y MÔR

Edrychwch ar y map trysor hwn.

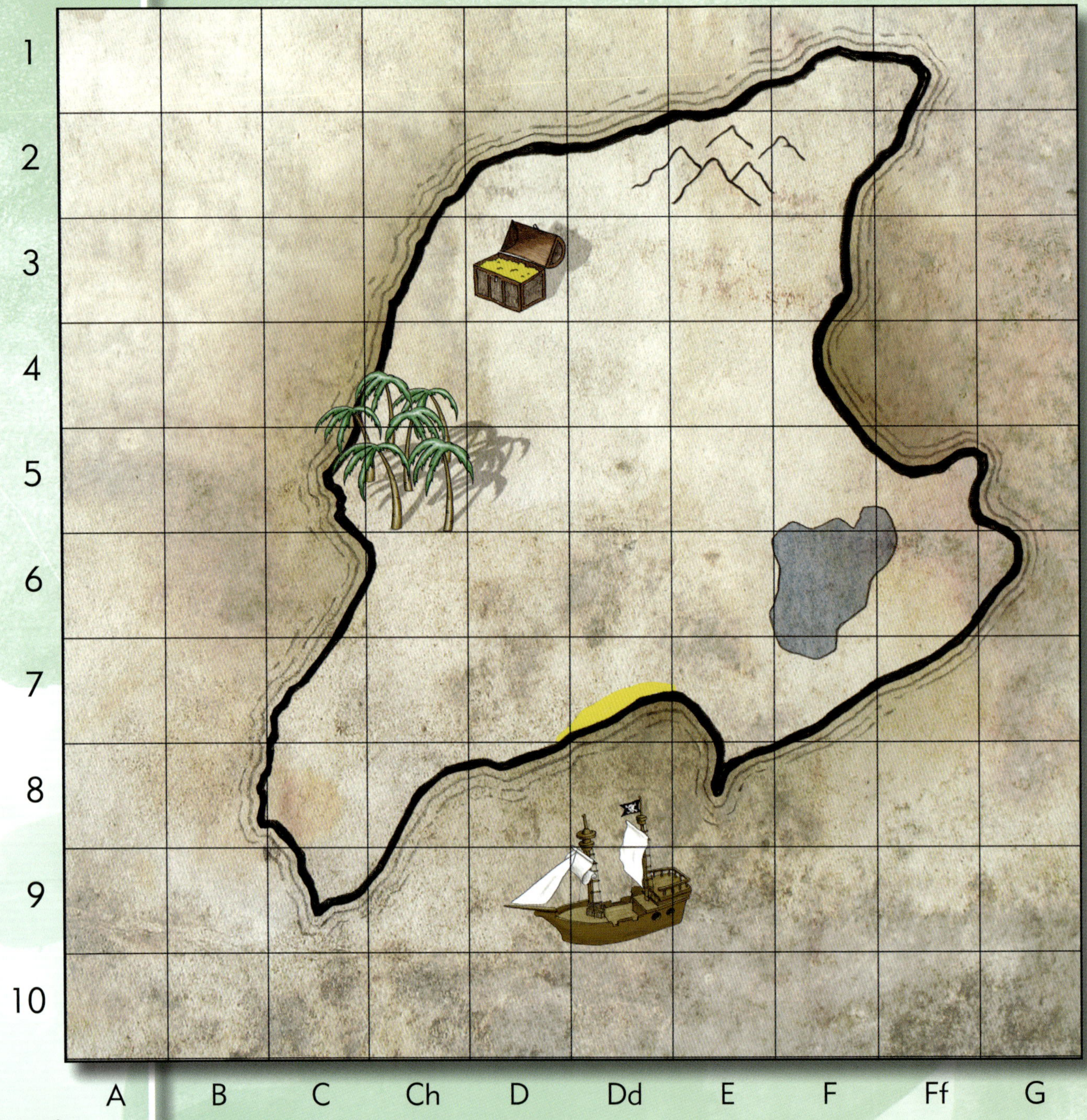

- Beth sydd yn sgwâr Ch5?
- Beth sydd yn sgwâr Dd7?
- Beth sydd yn sgwâr D3?
- Beth sydd yn sgwâr Dd9?
- Beth sydd yn sgwâr F6?
- Beth sydd yn sgwâr E2?

Dyma Dewi Drwg, y môr-leidr mwyaf creulon welodd y byd erioed!

Meddyliwch am enwau arbennig i'r môr-ladron hyn.
Ceisiwch gael yr un llythyren i ddechrau dau ran yr enw,
e.e. **D**ewi **D**rwg

Catrin	
Sam	
Gareth	
Mari	
Tomos	

UNED 5 | LLADRON TIR A MÔR

Ysgrifennwch ddisgrifiad o Dewi Drwg.

Meddyliwch am y pethau y dylech chi eu disgrifio.

- het
- llygaid
- barf
- gwisg
- cleddyf
- personoliaeth

Gallwch ddechrau'r brawddegau fel hyn:

Mae'r môr-leidr yn…	Mae'n gwisgo…
Mae ganddo farf…	Mae ganddo gleddyf…
Het… sydd ganddo.	Mae'r môr-leidr yn berson…

Beth am greu eich môr-leidr eich hun?

Rhowch enw iddo a labelwch lun o'r môr-leidr.

Roedd gan bob môr-leidr long arbennig.

Meddyliwch hefyd am enw i long eich môr-leidr.

Mae gan griw o fôr-ladron drysor arbennig i'w gladdu.

Beth ydy'r trysor?

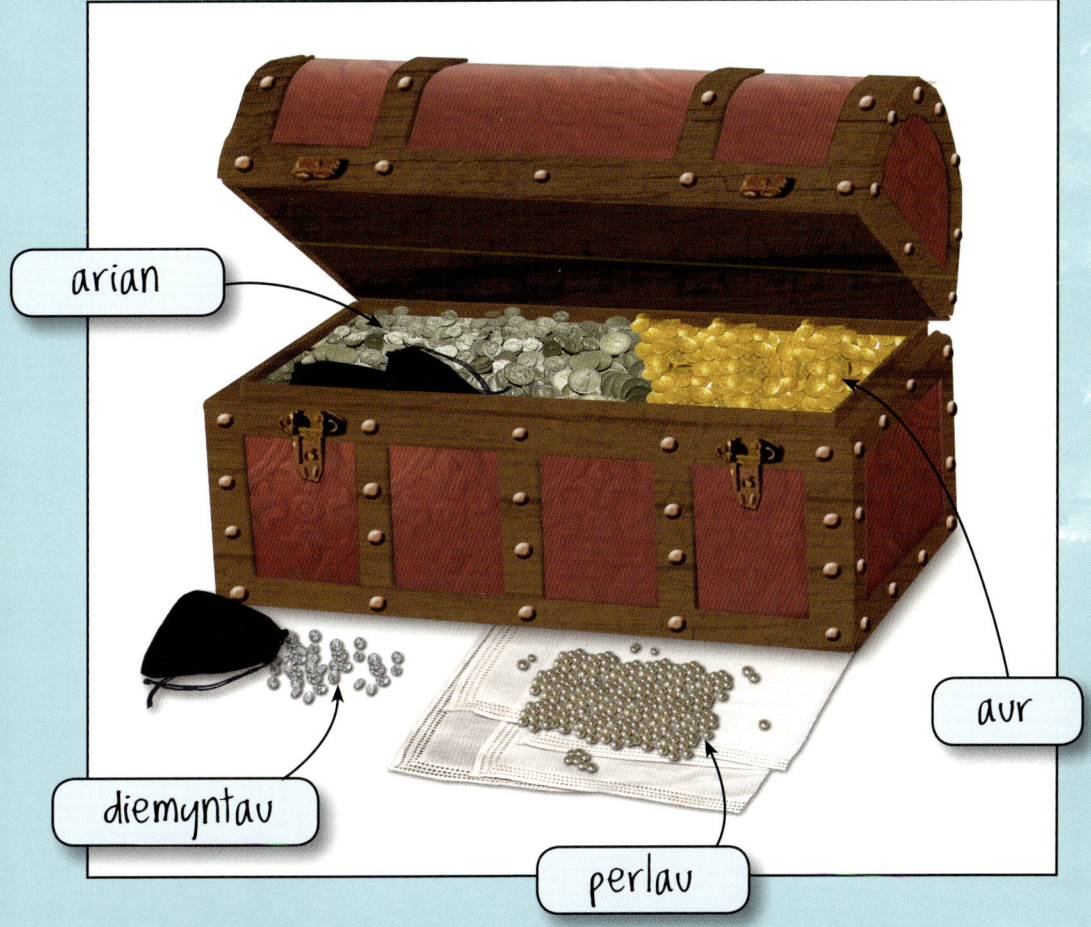

Beth mae'r môr-ladron yn mynd i'w wneud gyda'r gist drysor er mwyn ei chadw'n ddiogel?

Ewch ati i greu map trysor.

Bydd y map yn bwysig iawn pan fydd y môr-ladron yn dod yn ôl i gasglu'r trysor.

Bydd angen:

* tynnu llun y map trysor;

* rhoi cyfarwyddiadau i'r person fydd yn darllen y map.

Mae Dewi Drwg wedi anfon llythyr at fôr-leidr arall sy'n ffrind agos iddo – Guto Gwyllt.

Llong 'Brenin y Tonnau',
Môr y Canoldir

Dydd Sadwrn

Annwyl Guto Gwyllt,

Gobeithio bod dy fraich yn well ar ôl y frwydr gyda'r môr-ladron o Sbaen. Rydw i eisiau i ti wneud ffafr â fi os gweli di'n dda. A fyddet ti'n fodlon dod o hyd i gist drysor arbennig i mi? Mae aur, arian a gemau drud ynddi.

Dyma'r neges i ti. Rydw i'n ei hanfon ar ffurf cod, rhag ofn i fôr-leidr arall weld y llythyr hwn.

17	1	7	`	22		25	22	29	24	19	22
28	7	5	13		7	13					
10	15	1	6	27		19		5	1	18	
29		10	19	7	5	7	18				
2	1	15	17	28	29	6		13	`	22	
6	7		19	`	22		1	8	19	18	

Cei di gadw hanner y trysor os wyt ti'n dod o hyd iddo!

Hwyl,
Dewi Drwg

1. Beth ydy enw llong Dewi Drwg?
2. Beth oedd wedi digwydd i Guto Gwyllt yn ystod brwydr gyda môr-ladron Sbaen?
3. Beth sydd yn y gist drysor?
4. Pam mae Dewi Drwg wedi ysgrifennu ei neges mewn cod?
5. Beth fydd Guto'n ei gael gan Dewi os ydy e'n llwyddo i ddod o hyd i'r trysor?

Mae cod arbennig yn y llythyr.

Ceisiwch ddatrys y cod.

Dyma'r allwedd i ddatrys y cod:

1	2	3	4	5	6	7	8	9	10	11
a	b	c	ch	d	dd	e	f	ff	g	ng
12	13	14	15	16	17	18	19	20	21	22
h	i	j	l	ll	m	n	o	p	ph	r
23	24	25	26	27	28	29				
rh	s	t	th	u	w	y				

Ewch ati i greu neges gan ddefnyddio yr un cod.

Gall eich neges fod yn un i fôr-leidr neu yn neges i'ch ffrind!

Un o fôr-ladron mwyaf enwog Cymru oedd Harri Morgan.

Dyma ychydig o'i hanes.

HARRI MORGAN

Cafodd Harri Morgan ei eni yn Llanrhymni, Sir Fynwy, tua'r flwyddyn 1635.

Penderfynodd fynd allan ar y môr pan oedd yn fachgen ifanc, ac erbyn y flwyddyn 1662 roedd yn fôr-leidr llwyddiannus ac yn hwylio'r byd i gyd. Roedd ei long yn hwylio o wlad i wlad yn ymosod ar longau cyfoethog eraill ac yn dwyn eu trysor.

Mae llawer iawn o straeon am Harri Morgan, ond does neb yn siŵr a ydyn nhw'n wir ai peidio.

Yn ôl pob sôn roedd Harri Morgan yn dda iawn am frwydro. Mae un stori'n dweud ei fod e a'i griw wedi llwyddo i ddinistrio un deg pedwar o longau eraill mewn brwydr ffyrnig.

Roedd Harri Morgan yn ddyn ffyrnig. Ymosododd tri chant o filwyr ar Harri Morgan a'i griw un tro. Dim ond tua chant o ddynion oedd gan Harri, ond llwyddon nhw i ennill y frwydr.

Roedd Harri Morgan wedi gwneud ei gartref yn Jamaica. Roedd pobl Jamaica yn meddwl y byd ohono. Roedden nhw wedi gwneud Harri Morgan yn ryw fath o brif weinidog ar Jamaica – a dim ond tri deg oed oedd e ar y pryd! Roedd yn rheoli holl fôr-ladron y Caribî o Jamaica, ac yn arwain tua 700 o longwyr.

Roedd Harri Morgan yn treulio llawer o'i amser yn ymosod ar y Sbaenwyr, am eu bod nhw'n gyfoethog iawn. Yn ôl yr hanes, llwyddodd Harri a'i griw i guro dros 3,000 o Sbaenwyr mewn brwydr yn Portobello! Weithiau, roedd yn llwyddo i wneud y pethau rhyfeddaf! Un tro, roedd criw Harri Morgan yn ei chael hi'n anodd iawn mewn brwydr yn Gibraltar. Er hyn, llwyddodd Harri i hwylio'i long yn ôl i Jamaica, a hynny o dan drwyn y Sbaenwyr. Roedd ganddo 250,000 o ddarnau aur y Sbaenwyr ar fwrdd ei long!

Erbyn iddo farw, roedd rhai'n credu bod Harri Morgan wedi casglu dros filiwn o ddarnau aur. Roedd y rhan fwyaf o fôr-ladron yn cael eu claddu yn y môr. Doedd Harri Morgan ddim eisiau hynny. Cafodd ei gladdu ar dir Jamaica. Roedd yr harbwr yn llawn o longau môr-ladron ac roedd pob gwn ar fwrdd pob llong yn tanio wrth iddyn nhw gladdu'r Cymro, Harri Morgan.

Darllenwch y darn eto ac atebwch y cwestiynau hyn:

1. Ble gafodd Harri Morgan ei eni?
2. Beth oedd e'n ei wneud?
3. Beth ydy'ch hoff stori chi am Harri Morgan?
4. A oedd Harri Morgan yn ddyn caredig ai peidio? Pam ydych chi'n credu hyn?
5. Beth oedd barn pobl Jamaica am Harri Morgan?
6. Beth ddigwyddodd i Harri Morgan pan wnaeth e ymosod ar y Sbaenwyr?
7. Ble gafodd Harri Morgan ei gladdu?
8. Beth wnaeth y môr-ladron eraill?

Dychmygwch eich bod chi'n fôr-leidr ar fwrdd un o longau Harri Morgan.

Ysgrifennwch gofnod byr yn eich dyddiadur wedi i chi fod yn brwydro yn erbyn y Sbaenwyr.

Bydd angen i chi ddweud:

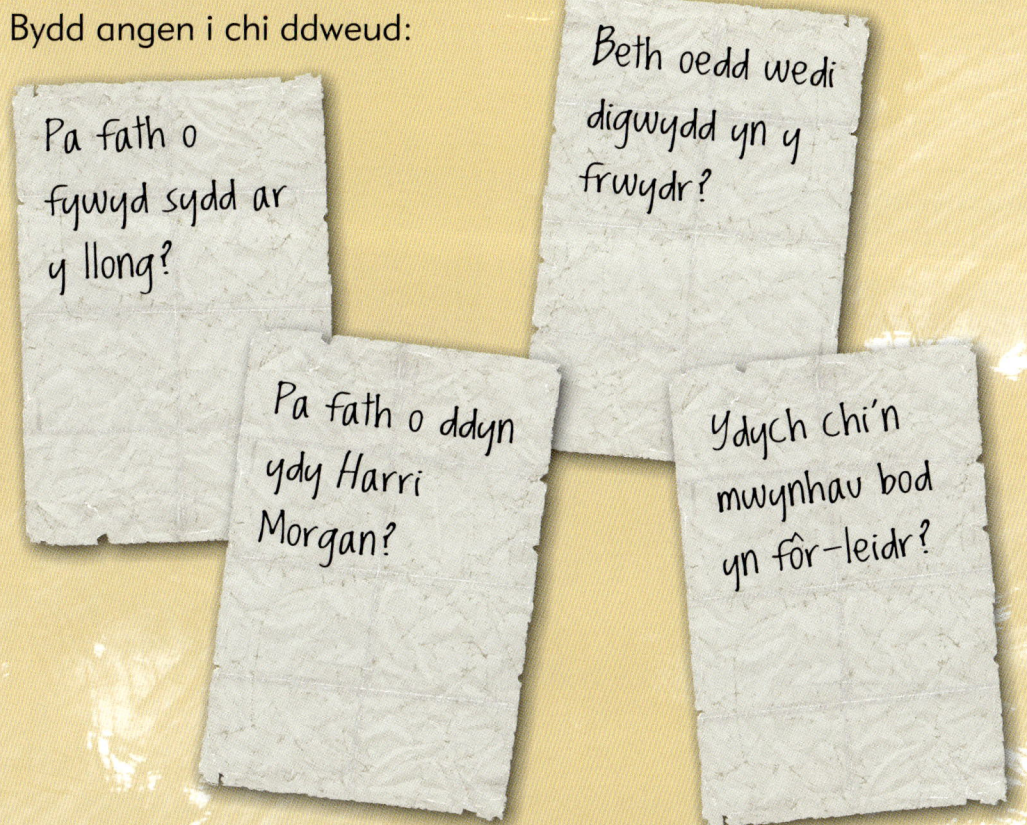

- Pa fath o fywyd sydd ar y llong?
- Beth oedd wedi digwydd yn y frwydr?
- Pa fath o ddyn ydy Harri Morgan?
- Ydych chi'n mwynhau bod yn fôr-leidr?

Gallwch greu hen bapur er mwyn ysgrifennu'ch cofnod arno. Sut fyddech chi'n gallu gwneud i bapur edrych yn hen?

LLADRON Y TIR

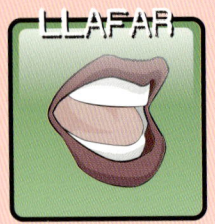
LLAFAR

- Ydych chi wedi clywed sôn am rywbeth yn cael ei ddwyn erioed?
- Beth oedd wedi cael ei ddwyn?
- A gafodd y lleidr ei ddal?

DARLLEN

Mae hanes am rai lladron oedd yn dwyn oddi ar bobl gyfoethog ac yn rhoi'r pethau roedden nhw wedi eu dwyn i bobl dlawd.

Dyma hanes Dick Turpin a Robin Hood mewn dau bapur newydd yn eu cyfnod nhw.

Crogi Dick Turpin

Does dim dwywaith mai lleidr creulon oedd Dick Turpin. Roedd wedi dwyn oddi ar gymaint o bobl, roedd y Brenin hyd yn oed yn cynnig gwobr o £50 am ei ddal!

Roedd yn lleidr pen ffordd peryglus oedd yn dwyn oddi ar yr hen a'r ifanc, y tlawd a'r cyfoethog. Yn aml, byddai ef a'i griw yn dwyn aur, arian, gemau a cheffylau. Ychydig o flynyddoedd yn ôl, fe wnaeth Turpin ddwyn ceffyl hardd du oddi ar ddyn o'r enw Mr Major, a oedd ar ei ffordd i Lundain. Roedd Dick Turpin wrth ei fodd gyda'i geffyl newydd, ac fe'i galwodd hi yn 'Black Bess'.

Roedd Mr Major yn flin iawn bod rhywun wedi dwyn ei geffyl gorau ac fe gynigiodd wobr am ei chael yn ôl. Aeth yr heddlu i'r stablau lle roedd Dick Turpin yn cadw 'Black Bess' a bu brwydr ofnadwy rhyngddo ef a'r heddlu. Roedd ffrind Dick Turpin, Tom King, yn ei helpu. Gwnaeth Dick Turpin gamgymeriad mawr. Yng nghanol y brwydro fe saethodd ei ffrind. Llwyddodd Turpin i ddianc rhag yr heddlu ond bu farw ei ffrind, Tom King.

Yn ôl pob sôn, aeth i fyw i Efrog gan guddio yno am rai blynyddoedd wedi hyn. Yr wythnos ddiwethaf, daeth pobl i wybod pwy oedd Dick Turpin a chafodd ei grogi yn nhref Efrog.

Robin Hood

Arwr y Bobl Gyffredin

Mae pawb yn siarad am Robin Hood, un o ladron pen ffordd mwyaf enwog Lloegr. Mae Robin yn fab i ddyn pwysig iawn, ond roedd ei dad wedi dadlau gyda'r Brenin. Roedd hyn wedi creu llawer o elynion i Robin a'i deulu, a phan gafodd ei dad ei ladd roedd yn rhaid i Robin guddio, neu byddai ef hefyd yn cael ei ladd. Mae rhai'n credu ei fod yn cuddio mewn coedwig anferth o'r enw Coedwig Sherwood.

Yn ôl rhai o ffrindiau Robin, fe ddaeth i adnabod llawer o bobl gyffredin oedd wedi cael eu trin yn wael iawn gan y Brenin. Mae rhai wedi mynd i fyw i'r coedwig gyda Robin. Dywed y ffrindiau hyn fod Robin yn flin iawn gyda'r Brenin am fod mor greulon.

Mae pobl bwysig a chyfoethog yn defnyddio llwybr trwy Goedwig Sherwood er mwyn cyrraedd Llundain. Yn ddiweddar, mae pobl wedi bod yn ymosod arnyn nhw ac yn dwyn arian oddi arnyn nhw. Maen nhw'n creu trapiau er mwyn stopio'r ceffylau a rhoi cyfle iddyn nhw ddwyn yr arian.

Mae'r Brenin a'i filwyr yn credu mai Robin Hood a'i griw sy'n gwneud hyn. Mae rhai wedi gweld Robin yn twyllo'r bobl gyfoethog ac yn dweud ei fod yn arbennig o dda am saethu gyda bwa a saeth.

Wedi iddo ddwyn yr arian, mae'n debyg fod Robin Hood yn mynd â phob ceiniog i'r bobl dlawd sy'n byw yn y pentrefi o amgylch y goedwig, sef y bobl sy'n cael eu trin yn wael gan y Brenin. Mae'r bobl gyffredin wrth eu boddau yn cael yr holl arian ac yn ddiolchgar iawn i Robin Hood a'i griw. Ef ydy arwr y bobl! Er hyn, mae'n rhaid iddo fod yn ofalus iawn gan fod Siryf Nottingham ar dân eisiau ei ddal.

Darllenwch y ddwy erthygl bapur newydd ac atebwch y cwestiynau hyn.

Dick Turpin

1. Pwy oedd eisiau dal Dick Turpin?
2. Faint o wobr oedd e'n ei gynnig am ei ddal?
3. Pa fath o bethau oedd Dick Turpin yn eu dwyn?
4. Pam oedd Mr Major eisiau dal Dick Turpin?
5. Beth ddigwyddodd i Tom King?
6. Beth ddigwyddodd i Dick Turpin?

Robin Hood

1. Pwy oedd tad Robin Hood?
2. Pam aeth Robin Hood i fyw yn y goedwig?
3. Sut oedd y Brenin yn trin y bobl gyffredin?
4. Pa fath o bethau oedd Robin Hood yn eu dwyn?
5. Beth oedd e'n ei wneud gyda'r pethau oedd e wedi eu dwyn?
6. Pwy oedd eisiau dal Robin Hood?
7. Beth ddigwyddodd i Robin Hood yn y diwedd? Sut ydych chi'n mynd i ddod o hyd i'r wybodaeth yma?

Dick Turpin a Robin Hood

Beth sydd **yn debyg** rhwng Dick Turpin a Robin Hood?
Beth sydd **yn wahanol** rhwng Dick Turpin a Robin Hood?
Meddyliwch am:

Beth oedden nhw'n ei ddwyn?	A oedden nhw'n codi ofn ar bobl?
Beth oedden nhw'n ei wneud gyda'r pethau oedden nhw wedi eu dwyn?	Beth ddigwyddodd iddyn nhw?

Dyma hanes lleidr pen ffordd enwog o Gymru – Twm Siôn Cati.

twm.com

Hafan | Hanes | Lluniau | Archwilio | Dolenni

Thomas Jones oedd enw go iawn Twm Siôn Cati. Roedd e'n byw ym Mhorth-y-ffynnon, ger tref Tregaron yng Ngheredigion.

Erbyn heddiw, mae'n anodd iawn dod o hyd i lawer o wybodaeth am Twm Siôn Cati oherwydd iddo gael ei eni yn 1530.

Roedd Twm Siôn Cati yn sicr yn dda iawn am ysgrifennu barddoniaeth a llythyrau i wahanol bobl. Rydyn ni'n gwybod hyn oherwydd ei bod yn bosib gweld rhai o'i lythyrau a'i farddoniaeth heddiw. Maen nhw'n cael eu cadw yn Llyfrgell Genedlaethol Cymru.

Mae rhai'n credu bod Twm Siôn Cati yn dipyn o gymeriad ac yn gwneud pob math o gampau. Mae eraill yn credu mai lleidr drwg oedd e. Darllenwch y stori hon amdano. Yna, penderfynwch chi ai lleidr neu gymeriad oedd Twm Siôn Cati!

Un diwrnod, roedd Twm yn teithio trwy dref Llanymddyfri ac fe arhosodd yno er mwyn prynu crochan i wneud uwd.

Roedd y siopwr wrth ei fodd yn meddwl ei fod yn mynd i werthu crochan uwd ac roedd yn hapus i ddangos pob crochan oedd ganddo yn y siop i Twm. Roedd Twm yn dangos diddordeb mawr ym mhob un. Cododd Twm un crochan i fyny ac edrych yn ofalus iawn i mewn iddo. Dywedodd wrth y siopwr ei fod yn credu bod twll yng ngwaelod y crochan. Doedd y siopwr ddim yn credu'r fath beth. Doedd dim un twll yng ngwaelod ei grochan ef.

Roedd Twm yn bendant fod twll yno, a'i fod yn gallu gweld golau dydd trwy waelod y crochan. Felly, cododd y siopwr y crochan i fyny ac edrych arno'n ofalus, i weld a oedd Twm yn dweud y gwir. Gwelodd Twm ei gyfle. Gwthiodd y crochan am ben y siopwr nes ei fod yn methu'n lân â dod allan! Tra roedd y siopwr â'i ben yn y crochan, llwyddodd Twm i ddwyn pob crochan arall oedd ganddo yn y siop. Doedd y siopwr yn gallu gwneud dim i'w rwystro.

Darllenwch y darn am Twm Siôn Cati eto ac atebwch y cwestiynau hyn:

1. Ble a phryd gafodd Thomas Jones ei eni?
2. Beth oedd yr enw arall arno?
3. Pam nad oes gennyn ni lawer o wybodaeth amdano?
4. Beth ydyn ni'n ei wybod amdano? Pam ydyn ni'n sicr o hyn?
5. Beth oedd Twm eisiau ei brynu yn Llanymddyfri?
6. Sut wnaeth e dwyllo'r siopwr?
7. Sut ydych chi'n credu oedd y siopwr yn teimlo?
8. Ar ôl darllen y stori hon am Twm, ydych chi'n credu mai lleidr neu gymeriad oedd e?

Efallai y byddwch chi'n newid eich meddwl ar ôl darllen mwy amdano!

Gweithiwch mewn parau.

Dychmygwch mai un ohonoch chi ydy'r siopwr yn Llanymddyfri.

Dychmygwch mai'r llall ydy Twm Siôn Cati.

Mae'n rhaid i chi greu sgwrs rhwng y ddau.

Beth fyddai ei angen yn y sgwrs?

Bydd angen i Twm ddweud beth mae e eisiau ei brynu yn y siop.

Bydd angen i'r siopwr siarad am bob crochan.

Bydd angen i Twm ddweud bod twll yn y crochan.

Bydd angen i'r siopwr wylltio gyda Twm!

YSGRIFENNU

Trowch eich sgwrs yn ddeialog ar bapur.

Cofiwch fod angen:

? – pan fydd rhywun yn gofyn cwestiwn

! – pan fydd rhywun yn dweud rhywbeth gyda syndod

e.e. Ydych chi'n hoffi'r sgarff yma?

e.e. Mawredd mawr!

YSGRIFENNU

Mae'r siopwr eisiau dal Twm Siôn Cati.

Mae e'n creu posteri a'u gosod nhw o gwmpas trefi'r ardal.

tudalen 83

Pa wybodaeth fyddai ei hangen ar boster fel hyn?

Does neb yn gwybod sut un oedd Twm Siôn Cati i edrych arno – felly fe gewch chi ddychmygu!

UNED 5 | LLADRON TIR A MÔR | 81

Dyma stori arall am Twm. Hen ddyn o ardal Tregaron sy'n adrodd y stori i'w wyrion.

Darllenwch y stori a phenderfynwch ai'r stori hon neu stori'r crochan ydy eich hoff un chi.

Un tro, roedd Twm Siôn Cati yn teithio ar hyd y ffordd ac roedd tipyn go lew o arian ganddo. Ydych chi'n gwybod beth ddigwyddodd? Fe ymosododd lleidr pen ffordd ar Twm a dweud wrtho am roi ei holl arian iddo. Wel, wel. Dyna beth rhyfedd! Doedd Twm Siôn Cati ddim wedi arfer â phobl yn dwyn oddi arno fe!

Dywedodd Twm wrth y lleidr ei fod yn cario'r arian ar ran dyn pwysig iawn. Dywedodd y byddai'n poeni'n fawr am gyrraedd plas y dyn pwysig heb yr arian, ac y byddai'r dyn pwysig yn siŵr o feddwl ei fod e, Twm, wedi dwyn yr arian. Dechreuodd Twm grio, a chrio, a chrio a dweud bod ofn arno! Roedd e'n crio dros bob man – 'Plis syr, byddwch yn garedig wrthyf fi.'

Gofynnodd Twm i'r lleidr pen ffordd wneud ffafr ag ef. 'O ie, pa fath o ffafr?' holodd y lleidr. Gofynnodd Twm i'r lleidr pen ffordd saethu ei glogyn fel bod olion bwledi ynddo. 'Pam?' oedd cwestiwn y lleidr. Dywedodd Twm wrtho y byddai'r dyn pwysig yn siŵr o gredu bod rhywun wedi ymosod arno pe bai olion bwledi yn ei glogyn. Felly, tynnodd Twm ei glogyn ac fe saethodd y lleidr pen ffordd nifer o dyllau ynddo. Bang, bang, bang! 'Beth am fy het i hefyd?' gofynnodd Twm. Fe saethodd y lleidr un twll ynddi. Gofynnodd Twm iddo saethu un twll arall yn ei het. Dywedodd y lleidr nad oedd e'n gallu gwneud hynny am nad oedd ganddo fwledi ar ôl.

Wel, wir i chi, dyma Twm yn gweld ei gyfle. Tynnodd Twm Siôn Cati ei wn allan a dweud wrth y lleidr am beidio â phoeni am fod ganddo fe ddigon o fwledi! Rhoddodd y lleidr pen ffordd yr arian yn ôl i Twm a dianc am ei fywyd!

Unwaith eto, roedd Twm Siôn Cati wedi llwyddo i dwyllo rhywun – a'r tro hwn, i dwyllo lleidr arall!

Ysgrifennwch y ddeialog a ddigwyddodd rhwng Twm Siôn Cati a'r lleidr pen ffordd.

Pa stori oedd eich hoff un chi?

★ Stori'r crochan

neu

★ Stori'r lleidr pen ffordd

Pam oeddech chi'n hoffi'r stori hon?

Roedd Twm Siôn Cati'n cuddio ei arian a'i drysorau mewn ogof yn y mynyddoedd rhwng Tregaron a Llanymddyfri.

Dyma'r ogof.

Tynnwch lun o du mewn yr ogof.

★ Beth oedd yn yr ogof?

★ Labelwch y pethau oedd yno.

★ Roedd Twm wedi cuddio agoriad yr ogof. Sut fyddech chi'n gwneud hyn? Rhowch gyfarwyddiadau ar y llun.

UNED 5 | LLADRON TIR A MÔR

UNED 6 | Y SGRIN FACH

Y SGRIN FACH

Roedd llawer o bobl wedi bod yn ceisio creu peiriant fyddai'n gallu dangos llun. Roedd Alexander Graham Bell wedi dyfeisio'r ffôn yn 1876 ac roedd e wedi ceisio dyfeisio ffôn oedd yn anfon lluniau hefyd.

Erbyn 1925, roedd dyn o'r enw John Logie Baird wedi dyfeisio'r teledu. Teledu du a gwyn oedd hwn wrth gwrs. Roedd y teledu cyntaf hwn yn ddrud iawn a doedd pobl gyffredin ddim yn gallu fforddio ei brynu. Yn ystod y ddeng mlynedd nesaf daeth y teledu yn llawer mwy poblogaidd a rhad. Roedd y teledu yn fach iawn bryd hynny. Maint y sgrin oedd 23 cm. Sut mae hyn yn cymharu gyda maint eich teledu chi heddiw?

Roedd teledu lliw ar gael erbyn 1967, ac erbyn 1970 roedd teledu ym mhob tŷ yn y wlad bron iawn. Ers hynny, mae byd y teledu wedi datblygu'n gyflym iawn:

* Llawer o sianelau
* Teclyn newid sianel (*remote control*)
* Sianel deledu Gymraeg
* Sgrin plasma
* Teledu lloeren
* Teledu '*High Definition*'

Beth ydych chi wedi'i ddysgu am hanes y teledu?

Beth wnaeth Alexander Graham Bell ei ddyfeisio?	Pwy wnaeth ddyfeisio'r teledu?
A oedd gan bawb deledu yn 1925? Pam?	Pa fath o deledu oedd y teledu cyntaf?
Pam oedd y flwyddyn 1967 yn bwysig?	Ewch ar y we. Beth oedd pris teledu yn 1967?

Sut oedd teledu 1925 yn wahanol i'ch teledu chi heddiw?

Teledu 1925	Teledu heddiw
Pethau sy'n debyg	
Pethau sy'n wahanol	

Pa deledu ydy'r gorau? Pam?

UNED 6 | Y SGRIN FACH

Trafodwch y pwyntiau hyn mewn grwpiau.

Cofiwch:

- Mae angen i un person ddarllen cynnwys y swigen.
- Mae angen i bawb gymryd eu tro.
- Mae angen i chi ofyn am farn pobl eraill yn y grŵp.

> Beth ydy dy farn di?

> Beth wyt ti'n credu?

- Mae angen i chi drafod.

> Dw i'n cytuno achos…

> Dw i'n anghytuno achos…

Siaradwch am:

> Mae llawer iawn o blant yn gwylio dros 3 awr o deledu bob dydd. Ydy hyn yn ormod?

> Mae rhai pobl yn dweud na ddylai plant o dan 2 oed wylio'r teledu o gwbl. Beth ydy'ch barn chi am hyn?

> Ydy rhaglenni teledu gyda llawer o ymladd arnyn nhw yn cael dylanwad drwg ar blant?

> Ddylai plant ddim cael teledu yn eu hystafell wely. Beth ydy'ch barn chi am hyn?

Mae Huw yn cael ei ben-blwydd yr wythnos nesaf.

Mae e eisiau teledu sydd yn gallu chwarae DVD fel anrheg pen-blwydd.

Mae e eisiau rhoi'r teledu yn ei ystafell wely.

Dydy ei dad ddim eisiau i Huw gael teledu yn ei ystafell wely.

Darllenwch sgwrs y ddau.

Huw	Dad?
Dad	Ie Huw?
Huw	Mae fy mhen-blwydd i'r wythnos nesaf.
Dad	Ydy wir. Byddi di'n ddeg oed! Beth wyt ti ei eisiau fel anrheg pen-blwydd?
Huw	Dw i eisiau teledu.
Dad	Teledu! Pam? Mae gennyn ni deledu yn y lolfa.
Huw	Dw i'n gwybod hynny. Byddwn i'n hoffi cael teledu yn fy ystafell wely.
Dad	Dw i ddim yn meddwl bod hynny'n syniad da.
Huw	Ond, Dad…
Dad	Pam yn y byd wyt ti angen teledu yn dy ystafell wely?
Huw	Wel, weithiau dw i eisiau gwylio DVD…
Dad	Mae chwaraewr DVD yn y lolfa.
Huw	Ie, ond beth am chwarae *Playstation*?
Dad	Wel, rwyt ti'n gallu gwneud hynny yn y lolfa hefyd. A dw i'n gallu chwarae *Playstation* gyda ti yn y lolfa…
Huw	Dw i'n gwybod hynny Dad, ond…

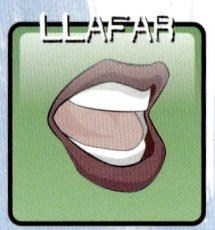

Ydy Huw yn mynd i lwyddo i berswadio ei dad i brynu teledu iddo?

Beth sy'n digwydd nesaf?	
Beth arall fydd Huw yn ei ddweud?	Beth arall fydd Dad yn ei ddweud?

Ysgrifennwch ddiwedd y sgwrs rhwng Huw a'i dad.

Cofiwch:

Mae angen prif lythyren i enw **H**uw a **D**ad.	
Mae angen **.** ar ddiwedd pob brawddeg.	
Mae angen **?** os ydych chi'n gofyn cwestiwn.	
Mae angen i Huw roi rhesymau pam mae e eisiau teledu.	
Mae angen i Dad ateb Huw.	
Mae angen penderfyniad ar ddiwedd y sgwrs. Ydy Huw yn cael teledu yn ei ystafell wely ai peidio?	

Perfformiwch y sgwrs gyda'ch partner.

★ Beth sydd angen i'r person sy'n actio Huw ei wneud er mwyn perfformio'r sgwrs yn dda?

★ Beth sydd angen i'r person sy'n actio Dad ei wneud er mwyn perfformio'r sgwrs yn dda?

Darllenwch y dudalen hon o gylchgrawn teledu.

GWYLIO NOS SUL

S4/C

5.00-5.25yh **Mosgito**
Rhaglen i bobl ifanc sy'n sôn am bob math o bethau, o ffilmiau i ffasiwn.

5.25-5.50yh **Dudley**
Mae'r cogydd Dudley Newbery yn ein dysgu sut i goginio cyrri cig oen.

5.50-6.20yh **04 Wal**
Byddwn yn cael busnesa yn nhai pêl-droedwyr enwog – gan gynnwys Aaron Ramsey.

6.20-7.00yh **Newyddion**
Cyfle i weld a chlywed beth sydd wedi digwydd heddiw yng Nghymru a'r byd.

7.00-7.55yh **Cwpwrdd Dillad**
Bydd Nia Parry'n bwrw golwg ar ddillad pobl ifanc Llangefni.

7.55-8.30yh **Sgorio**
Cyfle i weld y goliau gorau yng ngemau pêl-droed cynghrair yr Eidal.

8.30-9.35yh **Ral'io+**
Cystadleuaeth RAC Cymru.

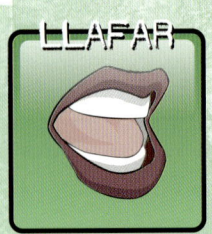

Yn eich grwpiau trafodwch:

- Pa fath o raglen ydy 'Mosgito'?
- Faint o'r gloch mae rhaglen 'Dudley' ar y teledu?
- Pa raglen ddylech chi ei gwylio er mwyn gweld tŷ Aaron Ramsey?
- Pryd mae rhaglen y 'Newyddion' yn dechrau?
- Pa mor hir ydy rhaglen 'Cwpwrdd Dillad'?
- I ble mae Nia Parry'n mynd?
- Beth fyddwch chi'n ei weld ar raglen 'Sgorio'?
- Faint o'r gloch mae rhaglen 'Ralio+' yn gorffen?

★ Ydych chi'n gwylio rhaglenni ar S4C?

★ Pa raglenni ydych chi'n eu gwylio?

★ Beth ydy'ch hoff raglen chi a pham?

★ Pa raglen ydy'r un fwyaf diflas ar y teledu? Pam?

DARLLEN

Cafodd sianel deledu S4C ei sefydlu yn 1982. Dyma ychydig o hanes y sianel.

Sianel Pedwar Cymru ydy'r unig sianel sy'n cynnig rhaglenni teledu Cymraeg. Dechreuodd Sianel Pedwar Cymru ym mis Tachwedd 1982. Roedd pobl Cymru wedi gorfod aros am amser hir cyn cael y sianel. Roedd rhai wedi protestio, ac eraill hyd yn oed wedi mynd i'r carchar er mwyn ennill sianel deledu Gymraeg i Gymru.

Rhaglen gyntaf S4C oedd 'SuperTed'. Cafodd y cartŵn 'SuperTed' ei werthu i lawer o wledydd ar draws y byd i gyd. Mae rhaglenni plant S4C yn boblogaidd iawn. Heddiw, mae rhaglenni 'Planed Plant' ymlaen bob prynhawn i blant o tua saith oed i fyny. Yn ystod y dydd, mae rhaglenni plant bach ar gael hefyd ar 'Cyw'. Dydy pob rhaglen ar S4C ddim yn Gymraeg. Mae'r rhaglenni Cymraeg ymlaen ar S4C o tua 3.00 y prynhawn tan tua 10.00 yr hwyr.

Mae is-deitlau ar lawer o raglenni S4C. Mae is-deitlau yn rhoi cyfle i bobl sydd ddim yn siarad Cymraeg ddeall y rhaglenni. Mae llawer o raglenni poblogaidd iawn ar S4C. Un o'r rhain ydy 'Pobol y Cwm'. Opera sebon ydy 'Pobol y Cwm' sy'n dilyn hanes pobl mewn pentref o'r enw Cwmderi yn Sir Gaerfyrddin. Flynyddoedd yn ôl, roedd Ioan Gruffudd yn actio ar 'Pobol y Cwm'.

Heddiw, mae tua 8% o bobl Prydain yn gwylio S4C. Mae'n bosib gwylio S4C ar deledu lloeren neu ar y we ar hyd a lled y byd. Mae Cymry Cymraeg yn byw ym mhob man, ac maen nhw wrth eu boddau yn cael gwylio rhaglenni teledu Cymraeg.

Beth ydych chi wedi'i ddysgu am S4C?

1. Beth ydy'r enw llawn ar S4C?
2. Pryd wnaeth S4C ddechrau?
3. Beth oedd enw'r rhaglen gyntaf ar S4C?
4. Beth ydy 'Cyw'?
5. Esboniwch beth ydy is-deitlau.
6. Pwy oedd yn arfer actio ar raglen 'Pobol y Cwm'?
7. Sut ydych chi'n gallu gwylio S4C?

Ydych chi'n credu bod angen sianel deledu Gymraeg?

Ydych chi'n credu y byddai'n well dangos rhaglenni Cymraeg ar y sianelau eraill?

A ddylai S4C ddangos rhaglenni Saesneg o gwbl?

Ydych chi'n mwynhau gwylio S4C? Fyddech chi eisiau newid unrhyw beth? Beth?

Mae angen i chi greu poster i hysbysebu rhaglenni pobl ifanc ar S4C.

Defnyddiwch y cyfrifiadur i greu poster fydd yn lliwgar ac yn denu sylw pobl ifanc.

DARLLEN

Un o raglenni mwyaf poblogaidd S4C ydy 'Ffeil'. Rhaglen newyddion i bobl ifanc ydy 'Ffeil'.

Mae'r rhaglen yn rhoi sylw i bob math o bethau – chwaraeon, cerddoriaeth, gwyddoniaeth, yr ysgol, yr amgylchedd, straeon doniol a straeon trist.

Mae 'Ffeil' yn trafod newyddion Cymru a'r byd ac mae'r tîm newyddion wedi bod mewn gwledydd fel Hong Kong, Patagonia a De Affrica er mwyn adrodd newyddion pwysig.

Dyma enghraifft i chi o'r math o eitemau newyddion sydd ar 'Ffeil':

Plant Mewn Angen

Ddydd Gwener roedd hi'n ddiwrnod 'Plant Mewn Angen' a chafodd dros £1.2 miliwn ei godi yng Nghymru.

Hyd yn hyn, mae bron i £21 miliwn wedi cael ei gasglu trwy Brydain.

Llynedd, cafodd £37 miliwn ei gasglu er mwyn rhoi cymorth i bobl ifanc ym Mhrydain.

Fel rhan o'r gweithgareddau, bu llawer o bobl ar deithiau cerdded, bu rhai yn byw heb fwyd am 24 awr, a bu eraill yn gwisgo gwisgoedd ffansi.

Roedd digwyddiad mawr yng Nghanolfan Mileniwm Cymru hefyd, gyda'r actor John Barrowman, a Gethin Jones yn cyflwyno. Yn sicr, roedd y noson yn gyfle gwych i bobl o bob oed ddod yno â'u harian a mwynhau noson o hwyl.

Edrychwch yn ofalus ar yr iaith sy'n cael ei defnyddio yn yr eitem newyddion.

Ddydd Gwener roedd hi'n…	Cafodd…
Hyd yn hyn…	Bu…
Roedd…	Yn sicr…

Rydych chi'n gweithio ar raglen 'Ffeil'.

Mae angen i chi greu eitem newyddion i'r rhaglen.

Rydych chi wedi derbyn y wybodaeth yma. Dewiswch un stori i greu eitem newyddion arni.

Ewch ati i ysgrifennu paragraff ar gyfer 'Ffeil'.

- Cymru'n chwarae rygbi yn erbyn Seland Newydd
- Stadiwm y Mileniwm
- Gêm gyffrous
- Sgôr agos
- James Hook yn sgorio 20 pwynt i Gymru

- Car newydd wedi cael ei ddyfeisio ar Ynys Môn
- Car trydan, caredig i'r amgylchedd, rhad i'w brynu
- Enw'r car
- Ffatri newydd yng Nghaergybi

- Daeargryn ym Machynlleth
- Adeiladau wedi disgyn
- Daeargryn gradd 5
- Neb wedi brifo
- Pobl wedi cysgu dros nos yn y Ganolfan Hamdden

- Ffilm Hollywood yn cael ei ffilmio yn Aberaeron
- Enw'r ffilm ac am beth mae hi
- Cast yno am chwe mis
- Actorion enwog iawn
- Actorion yn hoffi Aberaeron

LLAFAR

Ewch ati i ddarllen eich eitem newyddion.

Ydy'r eitem yn swnio'n debyg i'r eitem ar Blant Mewn Angen?

Sut mae pobl ar y teledu'n darllen y newyddion?

- Yn glir
- Yn araf
- Heb edrych gormod ar y papur

LLAFAR

Mae llawer iawn o hysbysebion ar S4C.

Mae hysbysebion yn gwerthu pethau.

Weithiau, mae hysbysebion yn gallu bod yn glyfar iawn.

Trafodwch:

* Pa fath o hysbysebion ydych chi wedi eu gweld ar y teledu yn ystod yr wythnos ddiwethaf?
* Pam ydych chi'n cofio'r hysbysebion hyn?
* Pa hysbyseb ydy'ch hoff hysbyseb chi? Pam?
* Pa hysbyseb sydd fwyaf diflas yn eich barn chi? Pam?

LLAFAR

Mewn grwpiau, ewch ati i greu hysbyseb ar gyfer un o'r pethau hyn.

- camera digidol
- treinyrs
- diod iachus
- bwyd cŵn

Dylai eich hysbyseb bara un funud union!

Cofiwch mai nod hysbyseb ydy ceisio perswadio pobl i brynu beth bynnag sy'n cael ei hysbysebu!

Bydd angen:

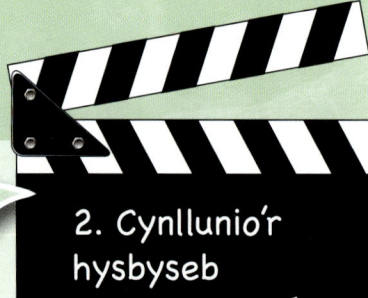

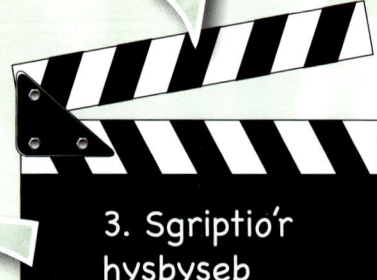

Ewch i wylio hysbysebion gweddill y dosbarth.
Beth ydy'ch barn chi amdanyn nhw?

Oedd yr hysbyseb yn para un funud?	
Oeddech chi'n gwybod beth oedd yn cael ei hysbysebu?	
Oedd yr hysbyseb yn ddiddorol?	
Oedd pawb yn siarad yn glir?	
Oedd pob gair yn Gymraeg?	
Oedd yr hysbyseb wedi'ch perswadio chi i brynu?	

 **LLAFAR**

 tudalen 98

Mae S4C eisiau creu rhaglen newydd i bobl ifanc rhwng 8 a 12 oed.

Maen nhw'n gofyn i bobl ifanc Cymru am eu syniadau.

Maen nhw eisiau i chi feddwl am:

- Enw'r rhaglen
- Beth sy'n digwydd yn y rhaglen
- Ble mae'r rhaglen yn cael ei ffilmio
- Beth sydd ei angen ar gyfer y rhaglen
- At bwy fydd y rhaglen yn apelio

 **YSGRIFENNU**

Gwnewch boster yn hysbysebu'r rhaglen.

Bydd y poster yn cael ei ddangos ar gefn pob bws yn y wlad.

Bydd angen i'r poster fod yn glir ac yn lliwgar!

 **LLAFAR**

Un o'r syniadau gafodd S4C oedd creu rhaglen â phobl ifanc yn gwneud gwahanol sialensau antur gyda'i gilydd.

Maen nhw eisiau i chi ddatblygu'r syniad hwn.

1. Pa fath o sialensau fydd y bobl ifanc yn eu gwneud?
2. Ble fyddan nhw'n gwneud y sialensau?
3. Sawl rhaglen fydd yn y gyfres?
4. Pwy fydd yn cyflwyno'r gyfres?
5. Beth sy'n digwydd i'r rhai sy'n colli sialens?
6. Beth sy'n digwydd i'r rhai sy'n ennill sialens?

Mae angen chwech o bobl ifanc i fod yn rhan o'r gyfres.

Mae S4C yn anfon ffurflenni cais allan i weld pwy fydd yn cael cymryd rhan yn y rhaglen.

Pa wybodaeth fyddai ei angen ar y ffurflen gais er mwyn gwneud yn siŵr eich bod chi'n dewis y bobl iawn ar gyfer y rhaglen?

Mewn grwpiau, ewch ati i greu ffurflen gais ar gyfer y rhaglen.

Mewn grwpiau, ewch ati i greu map o'r cwrs antur fydd yn cael ei ddefnyddio ar y rhaglen.

Bydd angen:

- ✹ Tynnu llun map o'r lleoliad
- ✹ Labelu'r gwahanol sialensau
- ✹ Labelu unrhyw rwystrau sydd ar y cwrs antur
- ✹ Tynnu sylw at 'Ddechrau' a 'Diwedd' y cwrs antur
- ✹ Tynnu sylw at unrhyw beryglon

Bydd angen i chi hefyd wneud rhestr o'r pethau fydd eu hangen er mwyn adeiladu'r cwrs antur.